LA HISTORIA DE LA REPÚBLICA

CHUMEL ★ TORRES

LA HISTORIA DE LA REPÚBLICA

AGUILAR

La historia de la República

Primera edición: enero, 2017
Primera reimpresión: marzo de 2017
Segunda reimpresión: marzo de 2017

D. R. © 2016, Chumel Torres

D. R. © 2017, derechos de edición mundiales en lengua castellana:
Penguin Random House Grupo Editorial, S.A. de C.V.
Blvd. Miguel de Cervantes Saavedra núm. 301, 1er piso,
colonia Granada, delegación Miguel Hidalgo, C.P. 11520,
Ciudad de México

www.megustaleer.com.mx

D. R. © producido por Oswaldo Casares para maquina501.mx y Leslie Rodríguez para HHLL.mx
D. R. © Ricardo Ribón, por los textos adicionales
D. R. © Jorge Pinto y Andrea Ruiz, por el arte del libro (cubierta e imágenes de interiores)

ISBN: 978-607-315-005-7

Impreso en México – *Printed in Mexico*

El papel utilizado para la impresión de este libro ha sido fabricado a partir de madera procedente
de bosques y plantaciones gestionadas con los más altos estándares ambientales, garantizando
una explotación de los recursos sostenible con el medio ambiente y beneficiosa para las personas.

Penguin
Random House
Grupo Editorial

ÍNDICE

Un águila devora a una serpiente sobre un nopal ¿y todo el imperio se emociona?

"Aún no existe Netflix, ¿con qué más nos vamos a entretener, Chumel?", exclama Moctezuma Ilhuicamina.

El Secretario de Chinampas y Sacrificios declaró que se está considerando este sitio inseguro y pantanoso para construir la capital de nuestra civilización.

"Va a ser una ciudad chiquita, wey, equis."

Civilizaciones antiguas pierden su imperio por confundir a los españoles con dioses: "Es que traen unas barbas bien padres, se ven buenas gentes", se le oyó decir a los futuros fundadores de la colonia Roma Norte.

Un señor de apellido Hidalgo lanza el grito de independencia en un lugar curiosamente llamado Hidalgo.

"Ésta no es coincidencia, es una señal", asegura Jaime Maussan.

El presidente Plutarco Elías Calles funda un nuevo partido político "no es para metérsela a los mexicanos por varias décadas, no vayan a creer", declaró.

Y el pueblo le creyó.

"¿Qué es lo peor que puede pasar?"

Amigos: la historia, eso que quienes la olvidan están condenados a repetir y los que la recuerdan sólo es para pasar el examen y después igual van a olvidarla, pero por lo menos no la van a repetir, o sea la materia, no los hechos (yo también estoy confundido, tengan paciencia, es mi primer libro).

Saber qué es lo que tuvo que ocurrir en nuestro país para que ahora estemos aquí es algo tan importante que hasta los del CCH lo incluyen en su plan de estudios, así que apréndete todo lo que te voy a decir para evitar vergüenzas. No quieras ser el Raúl Araiza de tu círculo de amigos, qué oso.

Los eventos más importantes para la humanidad se encuentran grabados en los anales de la historia. Por favor, acompáñenme a revisar esos anales. (Jiji, anales).

**Soy Chumel Torres y esto…
¡esto es "La Historia de la República"!**

LOS PRIME ROS PUE BLOS

Está muy bien el México de hoy en día,
con sus éxitos como...
como los dorilokos y sus fracasos como
Veracruz, aunque a todo esto...
¿Cómo llegamos aquí?
¿Nos hizo aparecer papito Dios?
¿Atravesamos por el Estrecho de Bering?
¿Llegamos en Uber?
Quizá nunca lo sepamos.

(Aunque la respuesta correcta es la del Estrecho, o sea, sí sabemos.)

¿YA LLEGAMOS?

MMM, YA

Imagínense que antes de tener una CDMX con dos contingencias ambientales por hora, todo esto era un paisaje tranquilo, verde, cielo no contaminado, agua cristalina, fauna haciendo cosas de fauna y otros bonitos elementos que no voy a nombrar por miedo a que esto se convierta en literatura erótica para cochinos hípsters ovolactovegetarianos.

De manera que, les cuento, hace aproximadamente veinte mil años, y desde el norte (porque todo lo malo viene del norte, perdón), llegaron los primeros pobladores, caminando bien quitados de la pena para de repente terminar viviendo aquí y siendo una molestia para el ecosistema. Como cuando tus tías de Torreón te visitan y le empiezan a buscar trabajo a los primos porque "aquí está muy bonito y tranquilo y ¿a poco no estaría padre que toda la familia viviera cerca, mijo?".

Estos primeros pobladores se distribuyeron por todo el territorio y varios se asentaron en lo que hoy es México, siendo lo más común que comenzaran viviendo en cuevas (tradición que al día de hoy se mantiene en ese agujero en la tierra que llamamos EdoMex).

El tiempo pasó y aprendieron a hacer uso de las semillas para producir alimento, lo que los llevó a asentarse en los mejores sitios para esta labor.

Así es como se fueron organizando y creando las primeras comunidades, que crecieron y desaparecieron a ritmos distintos, a veces empalmándose unas con otras y a veces ni siquiera coincidiendo geográfica ni temporalmente. Como el amor.

Algunas crecieron para ser civilizaciones completas, de las cuales vale la pena mencionar a las más destacadas, éstas son sus historias. Bienvenidos a "La Ley y el Orden, Unidad de Civilizaciones Indígenas" (Tun Tuun).

LOS OLMECAS

★ ★ ★

Son esos que sólo recuerdas vagamente por lo de las cabezotas de piedra que medio sabes que hicieron y has visto en dibujitos de tu libro de texto pero no sabes nada más (aceptémoslo). Ellos fueron una de las primeras culturas originarias. Esto es importante porque implica una identidad propia que no se deja influir por otras culturas para generar sus propios sistemas, es decir, era una cultura fuerte e independiente que no necesita de un hombre para sobrevivir y puede cargar el garrafón solita.

"Pero, Chumi,
¿de dónde viene el nombre olmeca?"

Sí, les voy a contar, pero antes de eso les pido seriedad. Pase lo que pase no vayamos a perder la clase y reírnos de cualquier cosa. Los aztecas bautizaron como "Olmán" la tierra donde se encontraron, y eso en náhuatl significa "tierra de hule". O sea que eran huleros. (No se rían, les dije).

En fin, los olmecas llegaron al valle de México y alcanzaron su periodo de esplendor por ahí del 400 a.C., al sur de Veracruz y junto a Tabasco (en ese entonces no se llamaban Veracruz ni Tabasco y no les había hecho tanto daño el PRI).

Los huleros (hehehe) habitaron principalmente alrededor de tres centros ceremoniales: iniciaron en San Lorenzo —primer asentamiento—, luego fueron a La Venta —cuyas ruinas Pemex se encargó de destruir para hacer un aeropuerto porque NO había otro lugar para hacer el aeropuerto, supongo— y de ahí pasaron a Tres Zapotes. No uno, ni dos, TRES zapotes, señores.

Ellos se dedicaban a la agricultura, a la caza, a la pesca y, según algunos teóricos, hacían canales de YouTube (por confirmar).

Por "algunos teóricos" me refiero a mis amigos youtuberos mexicanos, que no tendrán mucha idea de nada remotamente educativo, pero sí parecen producto de tiempos menos desarrollados, la verdad.

¡PINCHE CHUMEL, ERES UN MALINCHISTA! ¡ESTÁS HACIENDO MENOS A NUESTROS INDÍGENAS!

Mira, en primer lugar, es una broma. En segundo, es peor cuando los defiendes diciéndoles "nuestros". Y por último, seamos serios, hay vloggers que parecen tlatoani de Chimalhuacán. Prosigamos.

Entre otras cosas, los olmecas desarrollaron un calendario, una escritura propia, definieron el número cero, la brújula y, es muy posible, son creadores del juego de pelota. Y el velcro y el horno de microondas, ¿por qué no?

Pero, todo principio tiene un fin (o al menos eso aprendí leyendo frases inspiracionales en Facebook), y eventualmente los olmecas llegaron al suyo, transformándose en otras culturas, como la maya, la azteca y la inca, entre otras.

Podríamos hablar de los teotihuacanos y zapotecas, pero francamente le quiero exprimir más dinero a la editorial en un próximo libro. Digo, no nos da tiempo ahorita.

MAYAS
PIBIL

★ ★ ★

Y un día, los mayas. Ellos bajaron del norte
de la República para asentarse cerca del río
Usumacinta, porque ya sólo les faltaba juntar
pokemones de agua. Principalmente ocuparon
la zona de Yucatán, Campeche, Quintana Roo,
Tabasco, Chiapas, Guatemala, Belice, Honduras y
El Salvador. O sea, había mayas por todos lados;
vaya, su territorio era de alrededor de trescientos
mil metros, incluso hablaban lenguas diferentes
(aunque similares... como un sonorense tratando
de entender a un chihuahuense).

Los MAYAS

Los MALLAS

Y ESA DE
ˇEL

Una de las actividades favoritas de los
mayas era la astronomía, disciplina en la
que invertían parte considerable de sus
días. O sea, no de "sus días" porque el sol les
hubiera lastimado sus ojitos, más bien de sus
noches, porque es de noche cuando salen las
estrellas, según mis investigaciones.

El punto es que los mayas, siendo unos nerdazos de primera, trabajaron sus observaciones celestiales con números y gracias a eso crearon un calendario súper preciso.

AHÍ SE LLAMA PANUCHO

—¡CARAJO, CHUMEL, PONTE DE ACUERDO! ¿NO NOS ACABAS DE DECIR QUE LOS OLMECAS LO INVENTARON?

—Pues sí, pero los mayas lo perfeccionaron, algo así como cuando los gringos inventaron la hamburguesa pero nosotros le pusimos guacamole. ¡TOMA ESO, NEWTON!

Retomando: a los mayas les servía aquello de ser geeks, porque le encontraban aplicaciones prácticas a su conocimiento. Por ejemplo, un día se dieron cuenta de que las avispas picaban y los piquetes no estaban padres; la conclusión lógica fue agarrar nidos de avispa y aventárselos a los enemigos en las batallas. Pudieron usar abejas también, pero la verdad les dolía mucho el recuerdo de *Mi primer beso* porque ya desde entonces la pasaban muy seguido en Canal Cincotl y los había dejado traumados.

Además de calendarios más acá y armas sacadas de un episodio de *Los tres chiflados*, también eran buenos para eso de la construcción, llevando a cabo proyectos de centros ceremoniales que al día de hoy siguen en pie y son una importante atracción turística. Algunas de sus ciudades más importantes fueron: Tikal, Chichén Itzá, Uxmal, Palenque, Bonampak, TetraPak, Mars Attacks, Rattata y otras más que definitivamente no me estoy inventando.

Si bien el esplendor maya terminó por ahí del siglo X d.C. (diez, cabrón), la cultura no desapareció, todavía hay comunidades y pueblos mayas en el sur del país, a los que por supuesto tratamos con todo el respeto que se merecen por haber sido formadores de lo que somos hoy en día. Constantemente les demostramos que sus derechos nos importBROMAAAAAAA, súper viven en la pobreza y los vemos como paisaje nomás para tomarles fotos y a veces comprar tarjetitas de un kilo de ayuda. Es más, nos importan tan poco que dejamos que la primera dama de Chiapas sea una güera de cabeza hueca sin méritos ni inteligencia política: Manuel Velasco.

Mientras tanto, alguien había
encontrado un pantano *perfecto*
para construir su capital...

LOS
AZTECAS

★ ★ ★

Los Lannister del lago de Texcoco. Los Avengers de Tenochtitlán. Los Chicago Bulls del juego de pelota. La cultura más popular entre los mexicanos, aunque no necesariamente la más importante: los aztecas. Únicos e inigualables guerreros que adornaron la playera de la selección mexicana de 1998, que portaron titanes como El Matador, Jorge Campos y El Cuau, porque entre héroes nacionales tampoco está de más reconocerse.

El error vino desde el diseño de la empresa, cuando el líder del grupo, un tal Huitzilopochtli, les dijo que encontrarían a un águila devorando una serpiente, y ésa sería la señal de que debían establecerse en ese lugar. Porque, chingue a su madre, yo soy el jefe.

Total que el peregrinaje duró más o menos hasta 1325 d.C., cuando estaban en plena huida de uno de los múltiples pleitos que fueron armando por el camino (porque eran bastante pederos), entonces avistaron a la dichosa águila chingándose su taquito de serpiente. El único problema es que estaba posada en un nopal creciendo en medio de un pinche pantano:

¡No mames, Huitzilopochtli!

**ÉSTE ERA EL CORAZÓN
DEL GRAN IMPERIO AZTECA.**

**Y éste ahora es
el McDonalds
del Zócalo**
(dato real, perdón,
Huitzilopochtli).

Así fue como inició una de las más bonitas tradiciones nacionales, porque valiéndoles madre la seguridad del proyecto, los ingenieros mexicas (también les decían así) dijeron que "sin pedos levantamos unos templos chingones y unas canchas pa'l juego de pelota que te cagas, carnal". Y con tantito diurex y unos clips lo arreglaban todo. Y así fue como se fundó Tenochtitlán (en honor a Tenoch, el de *Y tu mamá también*).

Como suele suceder, los primeros años no fueron fáciles. Eran los nuevos chicos de la cuadra (New Mexicas On The Block!) y les tocó ser becarios de los señores de Azcapotzalco, que ya estaban y se los agandallaron como mandaderos. Hasta que un día decidieron que ya estaba bueno y les aplicaron la de la boda roja (spoiler alert si no han visto *Game of Thrones*, pero también es su culpa si no han visto *Game of Thrones*, es más, deja este libro, corre a ver *Game of Thrones*, tráumate un chingo y ya regresas).

Bienvenido de nuevo.

El punto es que para el año 1400 comenzó, ahora sí, el momento de los aztecas. Y para evitar preguntas incómodas de las generaciones por venir, uno de sus primeros programas de gobierno consistió en quemar y destruir códices y registros, o sea cualquier cosa que contara la historia de forma verídica y no de la forma heroica con la que ellos querían pintarse, una aberración tal que no se volvería a ver hasta que cada gobierno mexicano editó a su conveniencia los libros de texto de la SEP.

ÁLBUM PANINI DE DEIDADES

★ ★ ★

Antes de ser el México siempre fiel de
Juan Pablo II, el nuestro era un territorio
independiente y coquetón que tuvo aventurillas
con varios otros dioses. Toda cultura pasada y
primitiva, al carecer de conocimiento preciso
y necesitar de explicaciones para los fenómenos
naturales, resolvía sus dudas refugiándose en lo
sobrenatural, es decir: se inventaba dioses.

(Pero sólo las civilizaciones antiguas, por supuesto nosotros no, nosotros ya sabemos quién es el único dios real y súper cien por ciento comprobado real que no es ridículo como esos cuentos de serpientes emplumadas...

el Chicharito).

Quetzalcóatl
o «Serpiente emplumada»

Ehécatl
o «Señor del viento»

Tláloc
o «Señor del agua»

Coatlicue
o «Falda de serpientes»

Tezcatlipoca
o «Espejo negro que humea»

Huitzilopochtli

o «Colibrí del Sur»,
Dios de la guerra

EL
SUE
ÑO
AME
RICA
NO

Para efectos de este libro vamos a tomar en cuenta el descubrimiento de América que tuvo consecuencias reales, así que al primero que me mencione a los vikingos, le voy a solicitar que deje de leer, enrolle este libro y haga un Kanye West con él.

Ahora sí.

Al mismo tiempo que en América nacían y morían civilizaciones, del otro lado del mundo, Europa estaba haciendo lo propio (y tal vez un día podamos decir abiertamente que es muy claro que avanzaron más y mejor que acá, pero ese día no es hoy, porque no quiero provocarle una apoplejía a Evo Morales, no aún).

"Del otro lado del mundo..."

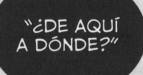

"¿DE AQUÍ A DÓNDE?"

CRISTÓBAL COLÓN

★ ★ ★

Marino genovés, soñaba y soñaba riquezas tener. Y antes de hacer la investigación de este libro ésa era, literalmente, la única información que yo tenía en la memoria sobre él. Y por eso no está padre que enseñen historia con canciones en la primaria, maestras, trabajen en serio, no mamen. A menos que sean de la CNTE, en cuyo caso, felices vacaciones (no voy a discutir eso ahorita).

Afortunadamente, después de hacer un poco de lectura especializada, puedo informarles a ustedes que Don Colón (¡ja!) era un entrepreneur con una startup interesante: "Nuevas rutas para llegar a Las Indias." O sea, como Google Maps pero poco confiable. O sea, como Google Maps.

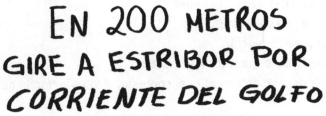

"Pero, Chumibebé, ¿para qué querían ir a Las Indias?"

"¿Para qué querían una nueva ruta?"

"¿Es racista decir 'Las Indias'?"

Respondo en orden:

Porque #comercio.

Porque en teoría sería más práctico.

Sí, independientemente del contexto, sí lo es siempre, nunca lo digan.

Colón trató de conseguir patrocinadores para su viaje, pero todos se le resistían porque los expertos de la época veían su plan como algo imposible. Después de que lo rechazaran la corona portuguesa, la corona española y Kickstarter, no le quedó de otra que vender mapas por un tiempo.

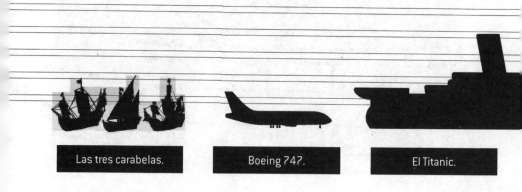

Las tres carabelas.

Boeing 747.

El Titanic.

Afortunadamente para él, la Reina Isabel le tenía fe a su plan e intentó siempre conseguirle fondos. Llegado el momento, lo más complejo fueron los Términos y Condiciones del viaje (esto es real), porque tenían que definir qué porcentaje de lo obtenido en la expedición le correspondería a cada una de las partes. Vaya, se estaban repartiendo lo que iban a saquear desde antes de saber que saquear iba a ser una posibilidad. Cristóbal Colón: ¿Probable miembro del grupo Atlacomulco?

Después de las negociaciones, y después de que le concedieron a Colón algunos títulos nobiliarios y 10% de lo generado en el viaje, todo estaba listo para que la expedición iniciara, lo único que hacía falta era el Uber.

Entran a cuadro La Niña, La Pinta y La Santa María, carabelas y nao respectivamente (nao era un tipo de barco, baboso). No haremos ningún chiste de los nombres de las carabelas porque esto no es primero de primaria y éstos no son los noventa.

Torre Eiffel.   Tu mamá.

SALIERON EL 3 DE AGOSTO DE 1492...

★ ★ ★

La apuesta era que en lugar de seguir la ruta tradicional de bordear África, la expedición del buen Cristóbal lograría llegar más rápido por el otro lado porque el diámetro de la tierra era lo suficientemente pequeño para permitir algo así. No sería la última vez que un hombre blanco hablaría de las bondades de un diámetro pequeño (estando también en un error).

—¡ES UN PEZ!
—¡ES UN BARCO!
—ES UN "YA VALIMOS MADRE".

El trayecto sería más largo de lo esperado, poniendo nerviosos a todos los tripulantes y generando incluso varios intentos de motín y, de acuerdo con algunos historiadores, varias excusas para explorar el interés de unos marineros por otros (o sea, SEXOHOMOSEXUAL. Esto se puso interesante).

Después de varias semanas de travesía, y ya cuando todos estaban hartos de escuchar el mismo CD de éxitos de Cristian Castro, finalmente llegaron. Pero a pesar de ser el descubridor y el valiente capitán, la colonización, curiosamente, no la hizo Colón, serían otros españoles los que la llevarían a cabo, aunque de todos modos se les conoce como colonos, debido al explorador que descubrió nuestro continente. Eso o porque eran propensos al cáncer de colon.

Los españoles llegaron y con ellos las enfermedades que transmitían a los locales y terminaron matándolos (eso, chingones). Como los que van a hacer turismo sexual a Cuba, pero al revés. Una de las repercusiones que tuvo el festival de enfermedades es que, como los locales resultaban inconvenientes como mano de obra por aquello de que andaban a muere y muere, tuvieron que outsourcear el trabajo a esclavos directamente traídos de África.

Hablando de Cuba, fue precisamente ahí donde sucedió que un montón de señores se aburrieron de tomar mojitos y esperar a que Castro (Fidel, no Cristian) dejara el poder, así que le pidieron permiso al patrón (Diego Velázquez) de ir a las Bahamas, y no sólo se los permitió, además les dio un pinshe barco shingón.

Y AHÍ EMPEZÓ TODO A VALER MADRE...

* * *

Primero, tenemos que entender que la conquista no fue un evento que se diera de un chingadazo, no fue como que llegaran los españoles, les dieran los espejitos a los aztecas y chingue su madre, vamos a hacer tacos de jamón serrano y usar la guitarra clásica para el mariachi. No. De hecho fue un proceso que tomó aproximadamente 40 años, es decir, lo inició una generación y lo terminó otra. Como cuando nuestros papás se pusieron a tomar decisiones y arruinaron la economía y el sistema de pensiones para nosotros.

Regresando a los que partieron de Cuba: durante su viaje para agarrar esclavos, ellos fueron los primeros en ver las pirámides cerca de la costa, y como querían tomarse fotos como turistas idiotas, se acercaron, justo lo suficiente como para tomar dos prisioneros antes de que los nativos los repelieran. Estos dos prisioneros, apodados (historia real) Julianillo y Melchorejo, fueron los testigos que soltaron toda la información sobre cómo en sus poblados había oro, iniciando la bonita tradición mexicana de salvar el pellejo propio a costa de quien sea.

Ya que supieron que había dinero de por medio, los españoles sacaron a su Kardashian interior y se prepararon para irse con todo. Las reglas indicaban que tenían que pedir permiso a la corona española, pero como ya les andaba y los cobradores de Coppel no dejaban de hablarles, mandaron una expedición de avanzada para que fuera organizando y conquistando lo necesario.

Esta primera expedición estaba bajo el comando de un señor que se llamaba Juan Grijalva, y si no ubican su nombre es porque no fue uno de los ojetes que se pusieron a matar locales, más bien logró establecer buenas relaciones con algunos de los pueblos nativos. Cuando después de cinco meses regresaron a Cuba, no los bajaron de jotas tibias porque no conquistaron nada, así que le dijeron: "Muchas gracias, nosotros te llamamos y por lo pronto vamos a nombrar un capitán nuevo."

HERNÁN CORTÉS, UN CHAVAL MUY FLIPA´O

★ ★ ★

… y medio malandro pues a sus diecinueve años se había ido con la expedición española porque no quería quedarse en su casa a comerse las verduras, incluso había pasado tiempo en prisión (mira nomás qué fichita).

Hernán Cortés, inventor de la cortesía.

Su designación era impulsada con presiones a Velázquez por parte de una cúpula que sabía que Cortés iba a mocharse con lo que obtuviera, así que le echaron la mano con eso.

¿Les suena familiar? Esta dinámica la veremos varias veces a lo largo de este libro. Y de nuestras vidas. Y de las de nuestros hijos. Y tal vez nuestros nietos.

Sin pedos, también de nuestros nietos. Viva México.

En realidad Cortés juntó unas personas y se hizo a la mar antes de tener permiso-permiso, o sea, era posible que sí se lo dieran, pero como no confiaban del todo en él también era posible que no, y entre sí y no, pues decidió solito que sí, y pusí. Esto tendría consecuencias, pero hasta después.

Corría el año de 1519 cuando la expedición de Hernán llegó a la boca del río Grijalva, donde los nativos los recibieron con resistencia y les advirtieron, muy a la Gandalf, que no pasarían.

A diferencia de Gandalf, no lograron
cumplir su promesa y los españoles
atracaron su barco.

"SEÑORES, NOSOTROS PODRÍAMOS ESTAR AQUÍ ASALTANDO PERO PREFERIMOS GANARNOS LA VIDA HONESTAMENTE."
"¡QUÉ CORTÉS!"

Al poco tiempo, la noticia ya había corrido hasta Tenochtitlán (literalmente corrido, no había otro medio de transporte), donde Moctezuma empezó a ponerse nervioso de que no fueran los güeritos extranjeros a bajarle todo. Como tú cuando llegan estudiantes de intercambio y tu novia te empieza a hablar de que "estaría padre conocer a otras personas".

Y al igual que con los estudiantes extranjeros, los españoles recién llegados se la estaban pasando bastante bien, los nativos terminaron temiéndoles y eso evitaba que hubiera episodios de violencia importantes, y todavía más: para congraciarse llegaban y les ofrecían que si una tacita de café, una tacita de oro y joyas, ¡una tacita con mujeres guapas cargando la tacita! Una de esas mujeres que fueron ofrecidas como regalo por los cerdos misóginos indios tenía por nombre Tenépatl, pero como estaba bastante difícil de pronunciar (no era un nombre cristiano, y además estaba medio naquito) los españoles la bautizaron como doña Marina, aunque los locales le terminaron diciendo Malitzin, pero nosotros la conocemos por su nombre más común...

LA MALINCHE

★ ★ ★

La historia es particularmente injusta con este personaje porque para muchos representa el símbolo de la traición a la sangre y la mujer que facilitó la conquista. A esas personas les digo: no sean unos lerdos simples, la conquista hubiera ocurrido con o sin su presencia, ella tuvo la fortuna de que les hizo caso a sus papás y estudió idiomas, eso le abrió muchas puertas en la vida, entre ellas la del cuarto de Hernán Cortés, pero hablar de eso sería una vulgaridad de mi parte. Pero súper fueron amantes y se daban duro los cabroncillos.

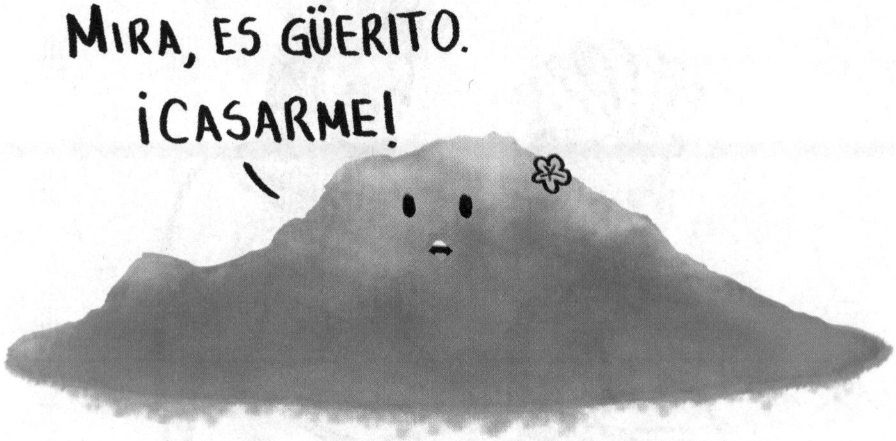
MIRA, ES GÜERITO.
¡CASARME!

Mientras la expedición española avanzaba descubrieron que en realidad el territorio no estaba del todo unificado porque había pueblos que no estaban de acuerdo con la dinámica que tenían los aztecas y decían "abajo el mal gobierno", organizaban marchas y creaban hashtags.

Gracias a ellos los españoles entendieron que era al centro del país a donde tenían que dirigirse para obtener lo que buscaban: #ElDinero

Moctezuma, que seguía con el miedo de los que creía enviados de Quetzalcoátl, decidió mandar emisarios con regalos y el mensaje de que psss mejor ahí muere, pero enviarles oro a los conquistadores para que no fueran a su territorio resultó ser una estrategia bastante pendeja, algo así como pedirle a Marcial Maciel que no vaya a tu colonia y luego mandarle fotos del preescolar local.

Encima de todo, los enviados sólo regresaron con historias de terror, porque como nunca habían visto un caballo, hubo quien pensó que eran uno mismo con los soldados que tenían armas de metal (unos riffs de guitarra súper cabrones). Total que la estrategia no sirvió de nada y la expedición siguió avanzando. En ésas andaban cuando llegaron con los tlaxcaltecas, pueblo que le guardaba rencor a los aztecas quienes, como ya dijimos, eran unos bullies que cobraban derecho de piso.

Lo anterior es muy importante para que entendamos algo: la conquista de México no fue tan simple como un asunto de españoles contra los pueblos indígenas: muchos se aliaron con los extranjeros en contra de los aztecas porque ya estaban un poco bastante hasta la madre de sus gandalleces. Vaya, eran más los soldados que se sumaron a los españoles que los que ellos traían. Favor de recordar este dato la próxima vez que tu prima hippie empiece de nacionalista pachamama en uno de sus viajes de peyote a decir que la raza de bronce y abajo los gachupines y quiero estudiar sociología en la UNAM.

SIEMPRE TENDREMOS TENOCHTITLÁN

★ ★ ★

Total que los españoles finalmente llegaron a Tenochtitlán, ciudad que les resultó sorprendente porque aquel asunto del lago la hacía funcionar como una Venecia tropicalizada. Al principio todo estaba bien, Cortés intercambió regalos con Moctezuma y la relación fue diplomática y cortés con Cortés (no me voy a cansar de ese chiste). Pero como muchos matrimonios mexicanos por interés, pasadita la luna de miel empezaron los chingadazos y tomaron a Moctezuma prisionero para controlar mejor al pueblo.

Un día llegó otro barco a la costa, liderado por un hombre de nombre Pánfilo, iba con la misión de arrestar a Cortés por aquello de haberse aventado sin tener permiso-permiso (les dije que hubo consecuencias), pero como cualquier persona que lleve por nombre Pánfilo, estaba destinado al fracaso y lo único que logró fue que el conquistador se alejara de Tenochtitlán por un tiempo en lo que arreglaba ese asunto.

Por supuesto dejó un encargado y le pidió muy atentamente que por favor no fueran a hacer una fiesta en la casa mientras no estaba. Obvio, no le hicieron caso y de buenas a primeras mataron que si unos nobles, que si unos sacerdotes, que si mujeres y niños y ya encarrerados también a sus mascotas. Total que cuando regresó el buen Hernán todo estaba hecho un cagadero y la gente estaba con muchos ánimos de expulsar a los españoles. Cortés tuvo que usar su carta bajo la manga y mandó a Moctezuma a que calmara los ánimos, pero la gente estaba ya tan indignada que el hecho de que su líder se pusiera del lado de los invasores terminó siendo la gota que derramó la jícara y hasta a él le tocaron madrazos. Y por madrazos quiero decir que le arrojaron harto proyectil y no sobrevivió al ataque. Estando la situación así, los españoles se vieron obligados a huir del lugar antes de que les llevaran la cuenta, así que al asilo de la oscuridad, y cargando todo lo que podían, salieron corriendo.

No todos sobrevivieron, entre los que se ahogaron por andar cargando más de lo que podían y entre los que fueron alcanzados por los aztecas hubo bastantes bajas. Dado que nada de eso estaba en los planes, Cortés hizo gala de madurez y buscó un arbolito bajo el cual se sentó a llorar porque la vida es injusta y nada le salía bien y la muchacha que le gustaba no quería ir a la graduación con él. No sería la última vez que trataría de arreglar sus problemas por medio del llanto.

Eso no quiere decir que podemos burlarnos mucho de él, porque después de su berrinche, regresó con más soldados, tanto españoles como tlaxcaltecas (esos perros traidores), con más armas y más ganas de darles en su madre a los malditos que lo humillaron y corretearon y... ¿qué haces besando a la lisiada?

Y lo logró. No en una sola batalla, no en un sólo día, pero concretó la conquista, que no concluyó sólo con la toma de Tenochtitlan, además se fueron ciudad tras ciudad. Algunas las tomaban por la fuerza y otras las tomaban por medio de negociaciones. Como el amor cuando no era amor de verdad pero podían robarse o comprar a las mujeres.

LA OTRA NOCHE TRISTE:

NO SE PUSO EL SEÑOR
DE LOS TACOS.

EL VI RREI NATO

Después de todo este proceso, que ya dijimos fue largo, llegó el siguiente parteaguas importante en 1535, cuando la corona española creó el Virreinato de la Nueva España y nombró a un virrey como representante. Los primeros juniors de la vida política nacional harían acto de presencia #LordVirrey.

Después de ser seducidos,
los locales despertaban en un motel
con un aterrador mensaje

!!!

BIENVENIDO AL
MUNDO DE LA
FIEBRE AMARILLA

El Virreinato fue un proceso complejo, implicó que varias culturas amalgamaran usos y costumbres: de las reglas del viejo continente y las del nuevo mundo derivó un sincretismo digno de una serie de Netflix. También estuvo el asunto del mestizaje: entre los chabelos del viejo continente y los millennials del nuevo mundo hubo mezclas interesantes.

Lo primero que pasó fue que no había suficientes españoles para ocupar todos los cargos de gobierno, así que se limitaron a ocupar la cúpula, y permitieron que en las regiones estuvieran a cargo los nativos. Esto implicó que el náhuatl siguiera siendo un idioma muy usado y el catolicismo no terminara de cuajar. Pero poco a poco, con mucha paciencia y salivita y una buena estrategia terminarían permeando incluso los aspectos culturales de nuestro país.

Otro pequeño detalle: se calcula que por esas fechas 80% de los indígenas del país murió a causa de virus traídos desde Europa, finísimos, de muchísima tradición y renombre, lástima para los locales pues no tenían la más mínima defensa. Como el Cruz Azul cuando juega una final. Y miren que no soy fan del fútbol, pero conozco esa referencia.

50 SHADES OF PIEL

★ ★ ★

Aún cuando todos vivían en el mismo contexto
de ciudades en plena formación, con unas
repúblicas de españoles y otras de indígenas,
todos estaban bajo las órdenes de España, pero
no todos tenían las mismas obligaciones porque,
hay niveles, los únicos que fantasean con
igualdad son los comunistas, los nacos,
y los nacos comunistas.

Por supuesto, en la cima de la pirámide social de la Nueva España se encontraban los españoles, ellos ostentaban los cargos más importantes. Un poquito abajo estaban los indígenas nobles, a quienes les respetaron su rango, claro. De ahí siguieron los hijos de españoles nacidos en el Nuevo Mundo, o sea, los criollos y los mestizos, fueran reconocidos o no, eran hijos de españoles con indígenas. La bonita historia de amor del güerito que se enamora de la pobre tendría sus inicios con este procedimiento y no como tu mamá cree, con *María Mercedes*. Fue como *Amar te duele*, pero con taparrabos.

Hasta abajo estaba el resto del peladaje, los indios que no eran nobles y como dominados debían obedecer a su encomendero y, por supuesto, pagarle tributo a la Corona. O a la Tecate Light.

Ahora bien, como los indígenas tenían esa pinche costumbrita de andarse muriendo, los españoles que seguían llegando para poblar la Nueva España trajeron esclavos africanos para cubrir el hueco de mano de obra. Con esas tres razas y con mucho tiempo libre comenzó la pachanga, la cámara húngara, el todos contra todos. Gracias a la promiscuidad, el aburrimiento o la franca calentura, nació la población mestiza y mulata.

Tanta fue la mezcla que surgió la necesidad de clasificar a todos en castas: mestizos, mulatos y zambos. La idea era que cada recién nacido heredaba las limitaciones de sus padres.

Por ejemplo:

† Mulato: blanco y esclava
† Zambo o pardo: negro e india
† Cuarterón: mulata y blanco
† Quinterón: cuarterona y blanco
† Lobo, albarazado, cambujoso: pardo y mulata.
† Cristian Castro: La Vero Castro y el Loco Valdés

Los léperos (o pelados) eran mestizos, negros libres, mulatos y zambos sin trabajo, o sea, vagos pero de clase baja. O sea, viners.

ÓRDENES RELIGIOSAS

★ ★ ★

Después de robarse a nuestras mujeres y quemar nuestras cosechas, los invasores continuaron con la conquista espiritual, a la que llamaron evangelización, o como nosotros la conocemos: darles en su madre a todos los templos e ídolos paganos. Y para eso mandaron traer a los expertos en el tema que ya tenían experiencia.

AGUSTINOS

DOMINICOS

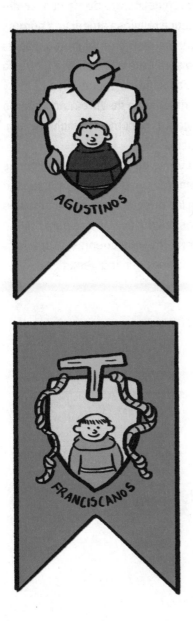

FRANCISCANOS

MARCIANOS

Primero llegaron los franciscanos, luego los dominicos y los agustinos. Entre sus misiones, que partieron del centro de México, se dedicaron a condenar todo tipo de práctica religiosa americana porque, no mamen, cómo van a creer en una serpiente emplumada, eso es ridículo, miren, mejor crean en esta serpiente que hablaba y ofrecía manzanas con poderes mágicos a dos señores encuerados.

En los últimos años de este primer siglo de Virreinato lograron la evangelización de toda la zona centro y, como el pinche tenorio cómico: se dispusieron a ir a provincia.

El problema es que se dieron cuenta de que muchos indígenas supuestamente evangelizados, mantenían creencias antiguas o peor, mezclaban las que tenían con las nuevas que con tan amables vergazos les enseñaban las órdenes religiosas. Así que para que no se les fueran las ovejas, se dedicaron a inventar cuentos de apariciones de vírgenes y hasta osaron mezclarlas con indígenas.

¿Alguien dijo Juan Diego?

Lo más importante del primer siglo del Virreinato fue que el estilo religioso se había impuesto en el país y dictaba todo lo que debía hacerse, creando con eso una larguísima cadena de influencia y control de la Iglesia desde los franciscanos hasta nuestro paladín de la familia natural:
Norberto Rivera, tipazo.

LES REFÖRMES BORBÓNIQUEUX

Mientras tanto en Francia.

Todo se mantendría en calma y en armonía hasta que llegaron los borbones, o sea, los franceses. Éstos llegaron a sembrar el desmadre porque tenían una manera despótica de gobernar, es decir, le quitaban todo el poder a las regiones y dejaban el control en el centro. Al principio se aplaudió y todos dijeron: "Ah, mira, de Francia, qué elegancia." No se imaginaban lo que les esperaba.

Dato importante: aquellos borbones querían un cambio ilustrado. Creían en la educación y en eso hay algo de bueno.

Uno de los cambios importantes que hicieron fue quitar del poder a los aristócratas que tenían algún puesto heredado, lo cual en teoría suena bien, hasta que nos enteramos que no necesariamente pusieron en su lugar a la gente mejor preparada, sino a la que se le daba mejor aquello de hacer la barba y lamer las botas. Pero botas elegantes, francesas, no unas sieteleguas cualquiera, no señor.

En el fondo, lo que pretendían era retomar el poder en la Nueva España para que no se anduvieran sintiendo autosuficientes los locales. Vaya, no fueran a creerse independientes. Fue por eso que se bailaron a casi todos de sus puestos y decidieron importar nuevos mandamases y burócratas: para calmar a la gente y hacer más honda la brecha entre el gobierno y el pueblo. Genios.

Tanto control y represión estaban por hacer que tronara la burbuja insurgente.

LA
INDE
PEN
DEN
CIA

(ES UN DECIR)

VOY A SER INDEPENDIENTE

Ah, la Independencia, motivo de orgullo nacional, hinchemos nuestros pechos mientras recordamos cómo los mexicanos nos levantamos en armas y valientemente nos libramos del yugo opresor de los españoles. Con el pequeño detalle que fueron los españoles los que organizaron la independencia, pero equis.

MAMÁ, ¿PUEDO LAVAR ROPA EN TU CASA?

Pues lo siento mucho, pero es la verdad, así como el ejército tlaxcalteca fue esencial para que los españoles pudieran imponerse, cuando llegó el momento de la independencia, el apoyo de los gachupines fue absolutamente necesario: se trataba de que los habitantes pudieran independizarse de Europa, no de que los originarios expulsaran todo lo extranjero. Sobre todo porque después de dos siglos y medio de Virreinato, ya estaba hecha la horchata y todo era una mezcolanza de razas. Así que habitantes de aquí contra cúpula de allá.

Afortunadamente para todos, el contexto global hizo las cosas más fáciles. En primer lugar, había una tendencia mundial a la independencia: ya lo habían hecho los peruanos y los gringos (para saber más de esto aviéntense el soundtrack de Hamilton, está muy hermoso y muy educativo y te amo con todo mi corazón, Lin-Manuel Miranda), y en segundo, como ya sabemos, Francia, encabezada por Napoleón Bonaparte, andaba armando un bonito desmadre por toda Europa.

En 1808, a Bonaparte se le ocurrió entrar a España, dijo que nomás estaba de paso por ahí, que no se preocuparan, sólo necesitaba atravesarse tantito para llegar a Portugal a combatir ingleses,

pero como todos los franceses, ésas eran sólo palabras bonitas para distraer. Para cuando los españoles se dieron cuenta ya traían adentro todo el ejército francés. Carlos IV, entonces rey de España, le cedió el trono a su hijo, quien a su vez dijo: "pues si de todos modos ya nomás era la puntita", de una vez cedía el control de España, chinguesumadre.

Mientras tanto, en la Nueva España, el virrey José de Iturrigaray tuvo que darles la noticia a todos, quienes de inmediato comenzaron a pensar qué harían si a los franceses se les ocurría instalarse también en el Nuevo Continente así como lo habían hecho en España, y consideraron necesario tomar cartas en el asunto. Es decir, definir qué harían porque hacía falta un nuevo gobierno. Y hubo un golpe de estado contra el virrey, a quien mandaron de regreso a España, como cuando quisimos mandar a *Héroes del silencio* directo a su tierra pero regresaron en forma de Enrique Bunbury.

¿A quién vamos a llamar?

Los criollos no pensaban en independizarse así nomás de España, querían ser autónomos (como la UNAM) y todavía rendirle cuentas a Fernando VII (no como la UNAM), por lo que para 1810 empezaron a conspirar y crecer sus ideas.

Entre los rebeldes se encontraban Dulce María, Anahí, Juan Aldama, Ignacio Allende y el cura Miguel Hidalgo, quienes, en casa de los corregidores Miguel y Josefa Ortíz Domínguez, planearon una insurrección para diciembre de ese año ("Guarda los romeritos, Josefa, nos vamos a la guerra").

Era un plan para la total independencia de la corona española. Pero los españoles los descubrieron antes de tiempo. Y es por eso que tu perfil de Facebook sólo deben verlo tus amigos, qué necesidad de que cualquier stalker pueda entrar a ver tus vacaciones en la Toma de Celaya.

La noche del 15 de septiembre, Allende llegó a casa de Hidalgo para decirle que los habían descubierto. Entonces el cura Hidalgo decidió que lo mejor sería adelantarse a las posibles represalias. Estábamos a unas horas del famoso Grito de Dolores, kenerbios, la vdd.

BREVE BIOGRAFÍA DE MIGUEL HIDALGO Y COSTILLA

★ ★ ★

Era un niño bien con algunas ideas a favor del pueblo, como un chavo Tec que descubre por primera vez las cartas del Subcomandante Marcos. Uno de los primeros frezapatistas de la historia nacional. Luego hizo otras cosas. Lo fusilaron. Fin.

HORA DE ARMARLA DE PEDO

VIVA GUADALUPE

DATO CURIOSO:

EN CADA IMAGEN DE MIGUEL HIDALGO HAY UN NICOLAS CAGE ESPERANDO OCURRIR.

CONTINUANDO CON LA INDEPENDENCIA

★ ★ ★

Total, ya con el aviso de Allende, Hidalgo apresuró
la insurgencia y esa misma madrugada apresó
a los españoles que tenía cerca. El domingo 16 de
septiembre, por la mañana, cuando las personas
esperaban la misa, Hidalgo salió a convocar
a los indígenas para combatir a los herejes y,
prometiéndoles dinero, los movió en nombre de la
religión (que no era el problema porque los pasados
de lanza eran los integrantes de la Iglesia). Lo cierto
es que ellos no sabían que tuvieran derechos, así
que eran nomás una masa revoltosa feliz de que les
dieran su torta y su boing para apoyar al candidato
del partido. Típico.

Para el mediodía ya estaban por Atotonilco el cura y un montón de indígenas y rancheros, acompañados al frente por Ignacio Allende y Juan Aldama. Ahí, Hidalgo se encontró con un estandarte de la virgen de Guadalupe y lo vio como una buena oportunidad para arengar las tropas: religión, identidad y fuera extranjeros. Después de desechar el estandarte que llevaba originalmente (una gorra roja que decía Make Nueva España Great Again), tomó el de la virgen y posó para la portada del libro de texto de la SEP.

Pasaron por ciudades como Celaya, en las que sin pleitos ni verdadera oposición del ejército realista, la gente se rindió y otros se unieron a su causa. Su ejército aumentó hasta contarse por decenas de miles. Tanto, que se salió de control, como el Vive Latino pero más bañaditos. Total, la turba de casi treinta mil elementos llegó a Guanajuato el 28 de septiembre, allí visitaron a las momias, hicieron callejoneadas y unos cuantos se lanzaron al callejón del beso, pillines.

El primer Festival cervantino.

PÍPILA SMASH!

★ ★ ★

Ahí también nació la historia de uno de los personajes más célebres: Juan José de los Reyes Martínez Amaro (grillos)... ok, ok, El Pípila (ahhh, ya).
Según se dice, este bato ayudó a las tropas de Hidalgo a meterse a la Alhóndiga de Granaditas luego de quemar la puerta, a la que llegó con una piedrota sobre la espalda que le sirvió para detener las balas del ejército. Esta historia no puede comprobarse y la verdad es que mientras más piensa uno en ella, más inverosímil suena. Por eso los libros serios de historia (no como éste) ni siquiera la mencionan.

(dramatización)

Lo que sí es cierto es que en la batalla de la Alhóndiga fallecieron cientos de españoles y la estrategia del cura Miguel Hidalgo (como algunos tipos de revueltas actuales) hizo que varios criollos que pudieron unirse a él (como Agustín de Iturbide), reprobaran sus acciones. Como si los del #Yosoy132 después de haber logrado el apoyo popular hubieran decidido patrocinar a un partido y no mandar a Antonio Attolini a Televisa. Que tampoco sirvió de mucho.

MORELOS Y PAVÓN

★ ★ ★

De todos modos Hidalgo no se quedó solo. De hecho, en octubre de ese año, otro insigne personaje, un antiguo discípulo de Hidalgo, le ofreció apoyo: era José María Morelos y Pavón, gran estratega y principal responsable de la supervivencia de la industria del paliacate. El cura aceptó su ayuda, pero en lugar de cabalgar hombro con hombro, lo mandó a reclutar tropas y tomar ciudades del sur.

En su marcha hacia la Ciudad de México, su destino final, el curita, el viejito querido por niños de primaria y sus maestros, nuestra heróica cabecita de algodón, permitió y alentó saqueos y asesinatos como si fuera cualquier cosa (de hecho, este tema era motivo de discusión entre Allende y él). Así es, Hidalgo ordenó degollinas (tal cual, darles cuello a gente que a veces no tenía mucho que ver con la lucha o la insurrección) a cientos de gachupines: hombres, mujeres y niños. Su ejército era incontrolable, quizá por tantos años de opresión, y una forma de sacarse la espina era ese nivel de violencia. Amaos los unos a los otros, pues.

Hidalgo entró a la Ciudad de México más o menos seis meses después de su famoso grito al frente de casi 80 mil almas enardecidas que iban partiéndole la madre a quien se le atravesara, como sencillo de Maluma.

De pronto se dio cuenta de aquello y cambió de parecer. Antes de tomar la ciudad ordenó el cese a los ataques, lo cual lo terminó debilitando y facilitó que el ejército realista lo capturara. No estoy diciendo que su estrategia anterior estuviera bien, pero señor Padre de la Patria, con todo respeto: no mame, si ya le estaba funcionando, ¿para qué la cambia? Obviamente lo culparon de hereje y traidor. En julio de 1811 lo pasaron por las armas en Chihuahua.

Chihuahua, ¿el nuevo PRI?

EL ESTADO DE MORELOS

★ ★ ★

José María Morelos había sido estudiante en Valladolid, en la misma escuela en la que el cura Miguel Hidalgo era rector y fue ahí donde se conocieron. Cuando se ordenó de presbítero lo enviaron a Michoacán, donde hizo mucho por la zona de Tierra Caliente (no es albur). La misma zona en donde al día de hoy a las personas que intentan defenderse de la opresión y la violencia las terminan encarcelando.

Morelos supo del movimiento que había arrancado Miguel Hidalgo en 1810, así que corrió a ponerse a sus órdenes. Cuando se encontraron, como se dijo, lo envío a reunir más gente al sur, a tomar Acapulco, la misma zona donde si hoy entrara a tomar el territorio, no duraría ni dos horas, y si entrara como turista, no duraría ni una.

Morelos era serio y ordenado, así que cumplió con las órdenes de Hidalgo, pero sin el desgarriate que ocasionaron las otras tropas independentistas. Para cuando fusilaron al cura en 1811, las dos fuerzas principales, para ese entonces llamadas «insurgentes», quedaron al frente del movimiento de independencia. Una la dirigía Morelos y la otra Ignacio López Rayón.

Leyendo un acta de nacimiento: Ignacio López... uhm, Rayón.

En septiembre de 1813, Chema convocó a una reunión en Chilpancingo y presentó un texto del que todos hemos escuchado: Los Sentimientos de la Nación, al principio los invitados se sintieron traicionados pensando que iban a escuchar poesía amateur, pero para su fortuna se trataba de un texto sobre la Independencia de México y la religión católica como motor.

Además, hablaba de la igualdad de los hombres y de la organización de poderes. Con la idea de nación de moda, se hizo llamar "Siervo de la Nación". Otros nombres rechazados fueron "Benado del pueblo", "Alse de la Patria" o "Cavra de México". No había autocorrector, pues.

Pero la guerra y las batallas seguían. Al mando de las fuerzas realistas no sólo estaba Félix Calleja, sino también Agustín de Iturbide, quien finalmente derrotó a Morelos, quien cada vez perdía más batallas.

El 5 de noviembre lo capturaron y lo sometieron a juicio con la Inquisición. El 22 de diciembre de 1815 lo fusilaron en lo que hoy es el Estado de México. El mismo territorio donde si hoy entrara de todos modos lo fusilarían sin necesidad de juicio y/o motivos y/o paliacate.

ITURBIDE, EL NIÑO BIEN

Agustín de Iturbide, uno de los más interesantes y mal recordados personajes de la historia, nació en Valladolid en 1783. Dejó de estudiar temprano para dedicarse a administrar los negocios de papá por un tiempo, pero luego decidió enlistarse en el ejército, donde comenzó a hacer una buena carrera. Era una especie de godínez ambicioso con ganas de mejorar su posición: si los godínez tuvieran más valentía y menos Excel.

Aunque era parte del ejército y de todas formas le habría tocado combatir a las fuerzas insurgentes bajo las órdenes de sus superiores, tal vez por el hecho de que la turba comandada a medias por Miguel Hidalgo hubiera saqueado una hacienda de su papi, los combatió con más encabronamiento: ya era personal el pedo. Por eso mencionamos antes el problema de la estrategia de Hidalgo. "Estrategia" es un decir, porque ya quedó claro que permitía lo que fuera a su gente sin límites de por medio, una especie de ejército Montessori. Lo extraño es que de alguna manera Iturbide comulgaba con las ideas de independencia, pero entendió que las formas del cura no lo llevarían a conseguirla. De hecho, para él era contraproducente tanta violencia desordenada, porque en lugar de conseguir el apoyo de más criollos, Hidalgo sumaba enemigos que debieron ser sus amigos.

La estrategia de Hidalgo:

En fin, en 1813 se enfrentó a las fuerzas de Morelos. Ahí fue cuando lo derrotó y quizá ese hecho comenzó con la debacle del otro cura favorito de México. Luego de la victoria y tras meterse en algunos problemas ajenos a la lucha armada, que tenían que ver con el típico movimiento de dineros al que suelen aventurarse los juniors (perdón por llamarlo así), Iturbide decidió dejar el ejército en 1816. Se retiró como los grandes, cuando estaba en uno de sus mejores momentos, como cuando Cuauhtémoc Blanco se retiró del América.

Sin embargo, la lucha seguía y sus ideas de independencia también.

1820

★ ★ ★

Empezando los 20's (también así los llamaban el siglo antepasado), lo volvieron a convocar al campo de batalla y no le quedó más que acatar las órdenes. Como cuando Cuauhtémoc Blanco regresó al Chicago Fire. Los insurgentes seguían dando lata, ahora bajo las órdenes de Vicente Guerrero y, como Iturbide había pasado años sin perder una batalla, ¿quién mejor que él?

Pero Iturbide ya iba de doble agente, más convencido de la idea de la independencia que de darles en la madre a los insurrectos. Así que mejor aprovechó la batalla para mandarse mensajitos de amor con Guerrero. Tanto se entendieron que se terminaron reuniendo el 24 de febrero de 1821 y armaron un plan, el famoso Plan de Iguala, que estableció tres garantías: respeto a la religión católica, unión de europeos y americanos y, claro, la independencia.

El resultado de aquello fue la formación de una nueva fuerza: el Ejército Trigarante. Garante, de garantías y Tri de como cuando Cuauhtémoc Blanco regresó a la Selección Nacional.

El 27 de septiembre de 1821 entró a la Ciudad de México el Ejército Trigarante, con Iturbide a la cabeza y Guerrero a su lado, eso marcó el fin de la Nueva España tal y como la conocimos. El 28 de septiembre se publicó el Acta de Independencia del país y con eso arrancó, para variar, otra serie de broncas. Pinche México, puros corajes contigo.

Pero como no podemos tener nada bonito y si pierdo me llevo mi balón, la Corona española se negó a mandar un emperador. Así, conscientes de quién era Agustín, la población pidió que se pusiera al frente del país y el congreso respaldó la petición. Iturbide, sin querer, se convirtió en el primer emperador de México. Como cuando Cuauhtémoc Blanco se hizo presidente de Cuernavaca.

DEL IMPE RIO A LA REPÚ BLICA

SANTA ANNA SIEMPRE TUVO CONFLICTO CON (LAS) TEJAS.

Por supuesto lo bonito no podía durar: de inmediato Iturbide agarró pleito con el congreso. Él les decía que no trabajaban y ellos le decían que siempre hacía lo que se le antojaba. Para demostrarles que no era cierto, hizo lo que se le antojó y en 1822 desmanteló el congreso.

Ese mismo año hizo su aparición Antonio López de Santa Anna, diciendo: "A ver tú, Iturbide, ¿qué o qué?" Y que se la pellizcaba y él lo desconocía y "¿quihubo, le vas a entrar o qué pedo?". Para esas alturas el emperador ya traía en contra no sólo al congreso, sino a su antiguo aliado Vicente Guerrero, y otros como Nicolás Bravo y Guadalupe Victoria que se pusieron de acuerdo para echarlo. Estos batos firmaron el Plan de Casa Mata y probablemente tuvo una gran campaña viral porque autoridades y ciudadanos se unieron, como con #LordAudi pero sin el Audi.

Total que ante las presiones, Iturbide tuvo que volver a armar el congreso y en 1823 de todos modos acabó abdicando al trono y se retiró a Europa. Lo anterior dio pie a que en 1824 se firmara la primera Constitución del país.

Algunos de los lineamientos a seguir
por este documento eran las...

REGLAS DEL CLUB DE LA PELEA

★ ★ ★

México queda libre del gobierno español y de cualquier otra potencia (a menos que sea Estados Unidos, de quienes adoptaremos series, películas, deportes, la Iniciativa Mérida y lenguaje, you know, bro?).

Se practica en el país la religión católica, apostólica y romana, para siempre, por los siglos de los siglos, amén. Ninguna otra. El país es católico. No toleraremos herejes, extranjeros, islamistas, terroristas, testigos de Jehová, porros, perredistas, gays o lesbianas y arriba la Familia Natural.

La nación adoptará la forma de gobierno de República representativa popular federal, que quién sabe qué sea pero suena bien acá, la vdd.

Se divide el supremo poder de la federación en tres: ejecutivo, legislativo y federal. Luego, con los años, uno le quitará poder al otro porque la idea es que sea el Ejecutivo el que termine mandando. Posestos.

El poder legislativo se deposita en un congreso general dividido en dos cámaras: una de diputados y otra de senadores, que tendrán asientos cómodos, salarios bien mamones y, eventualmente, a Carmelita Salinas entre sus filas.

El poder ejecutivo se depositará en un presidente de los Estados Unidos Mexicanos, de preferencia guapo. (Excepto Juárez, pero él tenía súper bonitos sentimientos.)

El poder judicial de la federación residirá en una Suprema Corte de Justicia, en los tribunales de circuito y en los juzgados de distrito; y deberá ser un desmadre hacer cualquier trámite. Los juzgados deberán oler siempre a torta de tamal.

Por supuesto había otras normas, pero éstas eran las básicas y hasta la fecha existen de forma oficial (o no oficial pero igual se cumplen).

EL SEÑOR LÓPEZ, UN PELIGRO PARA MÉXICO

★ ★ ★

Suena lógico que Veracruz, cuna de tanta chingadera, fuera el lugar donde nació Antonio López de Santa Anna, específicamente en Xalapa y en el año de 1794. Desde muy joven entró al ejército y al principio, como a todos los soldados, le tocó combatir a los insurgentes, pero la verdad es que pasó por esa etapa sin pena ni gloria, su verdadero momento llegaría después. Como estrella de reality que sale descalificado la primera semana pero ya afuera posa en bolas y se hace famosa.

En 1821 ya lo habían promovido de puesto y se unió al Ejército Trigarante de Agustín de Iturbide, así que llegó a tiempo para acoplarse a la consumación de la Independencia. Pero ya independientes, el emperador notó que Santa Anna no lo respetaba mucho y le quitó su título de mandatario de Veracruz. Y como nuestra historia es una pinche telenovela llena de resentidos y orgullosos (y un perro que habla), nuestro futuro cojo se le alzó de forma oficial con el citado Plan de Casa Mata.

Digamos que a partir de ahí Santa Anna se puso inquietón, quería hacer cosas, como cuando quiso invadir Cuba, cosa que al final afortunadamente no sucedió.

En 1829 salió a combatir españoles a Tampico. Triunfó y se convirtió en la figura de moda en el país, algo así como una estrella pop en una secundaria cualquiera. Es más, lo celebraron tanto que para 1833 ya lo habían elegido presidente de México. Alguien vaya enseñándole el himno nacional a Mario Bautista.

Pero contrario a lo que se piensa, porque a Santa Anna se le conoce como uno de los villanos de la historia de México, en realidad ni le gustaba mandar. Lo que a él le gustaba era la fama, el aplauso, pero no el poder. Por eso, el mismo año en que lo eligieron, le encargó el changarro a Valentín Gómez Farías. Como cuando eligen al guapo como jefe de grupo, pero el encargado de las copias sigue siendo el ñoño del salón.

Oooooobviamente muy pronto comenzó el desorden. Había una confusión brutal en el congreso y, quizá asustado de que todo se cayera a pedazos porque no se ponían de acuerdo, Santa Anna volvió a la presidencia y cambió a un centralismo poco o nada popular. Luego dijo: "¿Saben qué? Mejor siempre no." Y se fue.

"Ajá, ajá, pero a ver, Chumel, ¿cuándo vendió Texas y nos hizo perder tanto dinero y petróleo y el orgullo nacional?, carajo ¿no sabes nada de historia? Cuentas puras partes aburridas."

Bueno, les gusta el ardor, ahí les va: para 1836 al estado de Texas (entonces mexicano) comenzaron a picarle las ideas de independencia. Quizá hastiado, Santa Anna salió de otro de sus retiros, juntó a seis mil soldados y fue a ver quién chingados estaba haciendo tanto ruido y a pedirles que le bajaran a la música porque mañana hay que trabajar.

El 22 de febrero Santa Anna tomó el Álamo, una de las batallas que más orgullo nacional provoca... en los gringos. Además cometió el error de ir a corretear a los soldados estadounidenses que se movían bajo las órdenes del general Houston, que tenía un problema. Llegaron hasta Galveston y ahí, una noche mientras ambas tropas descansaban, los de Houston, ya con el apoyo de más estadounidenses, se echaron a los soldados de Santa Anna que escapó pero fue apresado poquito después.

Fue ahí cuando se dice que Santa Anna vendió a Texas, porque firmó un par de tratados con el general a cambio de su libertad. Y sí, ta´bien, en uno fijó los límites de Texas en el Río Bravo, pero la verdad es que nadie se tomaba en serio su palabra, o sea, era Santa Anna, era como si Vicente Fox le vendiera Guanajuato a Belice.

Años después, Texas pasó a formar parte de Estados Unidos porque hubo una guerra de por medio en donde tomaron el territorio por la fuerza. Para qué hacer con diplomacia lo que podían hacer con chingadazos. Como tu tío evitando un divorcio más en la familia.

LA GUERRA DE LOS PASTELES

(SANTA ANNA RETURNS)

★ ★ ★

La guerra de los pasteles ni siquiera fue particularmente lucidora de la historia nacional, pero tiene dos méritos para que la recordemos: el primero es el nombrecito porque, ah cómo nos gusta tragarnos los buenos brandings; el segundo es que fue ahí donde Santa Anna perdió la pierna.

En resumen: Francia bloqueó el puerto de Veracruz porque con eso esperaba meterle presión a México para que pagara por los agravios cometidos contra varios galos, entre ellos el saqueo a una pastelería. Sí, por eso se llamó así, al parecer quienes escribían los títulos a sucesos importantes del país tenían menos talento que los que me mandan chistes en los *comments* de Facebook.

Luego de darles largas y largas (excusas) a los franceses, como si fuera algún trámite con Telmex, se enojaron más y anclaron ahí con barcos de vela y de vapor, con cañones y ganas de pleito. Llegaron desde abril y, para noviembre, hartos de no recibir respuesta, dispararon los cañones sobre San Juan de Ulúa, el fuerte que siempre se llevó las peores partes de los diferentes enemigos de México. Pero no le pasó nada porque es fuerte.

Al enterarse de los cañonazos, Santa Anna se dirigió a Veracruz (y dale con Veracruz). Ahí, como la vio cabrona, cedió el fuerte de Ulúa, y con eso encabritó al pueblo mexicano, que por aquellos años andaba envalentonado y creía que el ejército nacional era el mejor del mundo. No mamen, mijos, está bien quererse pero tampoco se trata de arrancársela de tanto patriotismo.

El entonces presidente, Anastasio Bustamante, mostró total disposición a saldar la deuda o bien pagar por las molestias, pero en abonos chiquitos, congelados; con eso, la gente, el pueblo, se le fue encima, sobre todo los «santannistas», porque, como dije, se sentían todos que medían dos metros y los demás son cobardes y aparte pocosfollowers y van a ver.

Los franceses pensaron en capturar a Santa Anna, para eso enviaron varios elementos a tierra. Como llegaron de noche, entre sombras, se equivocaron, apresaron a otro y Santa Anna escapó. ¡Plop!

(Si hubieran sido federales los equivocados,
seguro el detenido confesaría lo que ellos quisieran.)

"¡YA, POR FAVOR!
¡SÍ SOY SANTA
ANNA! ¡SÍ SOY!"

En su carrera se enteró de que en otro lugar, las tropas mexicanas sí estaban dándole guerra a los franceses y, picudo como él solo, fue a enfrentárseles. Cuando llegó vio que aunque los franceses iban perdiendo, tenían una metralleta que no dejaban de disparar y, en lugar de esconderse se quedó viéndola hasta que una bala lo agujeró. Por metiche. Ésa fue la pierna que perdió. No fue tan dramático ni tan heróico como se hizo ver en su momento, pero es que las historias hay que adornarlas porque para relatos sin chiste ya tenemos a los standuperos mexicanos.

Al final, para evitar más pleitos con ese país, la deuda se saldó, desbloquearon el puerto y todo volvió a la agitada normalidad. O sea que perdió una patita y todo para qué, y **todo para qué.**

LA GUERRA CONTRA AMÉRICA

★ ★ ★

Justo cuando todos pensaban que Antonio López de Santa Anna se había refundido en Cuba y no volverían a verlo... regresó a México. ¡Sí! Una vez más, cojo, le pidieron volver a hacer de las suyas, y entró por Veracruz. Otra vez Veracruz. Carajo contigo, Veracruz.

SI HUBIERA PARQUE, NO ESTARÍA USTED AQUÍ...

ESTARÍA CON NOSOTROS,

JUGANDO EN EL PARQUE.

Para entonces la diferencia entre países ya era notoria: los gringos, aficionados como son al Spring Break ya eran más de veinte millones, mientras que en México, santos católicos y apostólicos, apenas rondábamos los siete. Por eso se buscaba primero una negociación antes que entrarle a las trompadas con los yanquis.

El presidente Polk, inventor de la polka, que también quería evitar la situación, mandó un achichincle (becario en inglés) a México en 1845 para comunicar ofertas, pero como sucedió con los franceses, se le dio el avión a pesar de no haberse inventado aún.

Ahí fue cuando Polk le ordenó a su general, Zachary Taylor (¿Swift?), que bajara hasta el Río Grande. Ahí se dieron unos enfrentamientos leves, cosita de nada, así... unas balitas de ida y vuelta. Tranqui.

EL PROBLEMA ES QUE...

★ ★ ★

Para el 12 de mayo de 1846, Polk, tomando como pretexto un ataque que unos dicen fue cierto y otros falso —de esos pleititos cerca del Río— donde el ejército mexicano mató «Americans on American land», el presidente gringo declaró la guerra de forma oficial a México. Ándenle, para que le sigan buscando chichis a las serpientes.

Luego de batallas perdidas, huidas, enfrentamientos en diferentes puntos del país y decisiones vergonzosas (sobre todo de Santa Anna), para el 14 de septiembre de 1847 la bandera, que es relleno de millones de bikinis y tangas en el vecino país del norte, ondeaba en Palacio Nacional. La chingada guerra contra los gringos bien pudo tener de fondo la música de Benny Hill.

Tan peladita la tuvieron los norteamericanos, que el presidente Polk consideró la idea de pedir más territorio, pero sus asesores le dijeron que eso sí era pasarse de lanza, y el 2 de febrero firmó el Tratado de Guadalupe con las especificaciones que habían acordado. Lo anterior no ha impedido que montones de regiomontanos se sientan gringos por ir a cargar gasolina a la frontera.

Lo que no es cierto es que México le haya vendido a Estados Unidos el territorio. No. Nos lo quitaron a la fuerza, fue una conquista, no una venta, independientemente de que algunos presidentes mexicanos sí tuvieron esas ideas de vendernos a los gringos. El dinero pagado fue una indemnización, no una venta de territorio. Veámoslo así, si te atropellan y el seguro del otro te paga la hospitalización, no es que hayas vendido algo, más bien te dieron en toda la madre y no te quedó de otra más que aceptar la ayudita.

Por el lado amable, si bien perdimos territorio, al menos nos ganamos un bonito recuerdo de unos niños héroes apócrifos. Muchas estampitas. Muchas.

LOS NIÑOS HÉROES

★ ★ ★

La guerra contra Estados Unidos fue una sucesión de derrotas que exhibieron al ejército mexicano. Una de ellas, quizá la más sonada porque a ésa le inventamos la hazaña de un grupo de estudiantes del Colegio Militar, es la del Castillo de Chapultepec, que en aquel entonces era bastante más feón y con algunas figuras del pasado indígena que luego los gringos tiraron con cañonazos.

JUAN ESCUTIA

LOS OTROS CINCO QUE NO SON JUAN ESCUTIA

Como se ha repetido tantas veces, los Niños héroes no aparecen en las bitácoras de guerra de Nicolás Bravo, Santa Anna o del ejército estadounidense. Los cronistas de la batalla, que hasta se tomaron el tiempo de hablar de personas que ni al pinche caso, obviaron la presencia o los suicidios heroicos de los muchachos de Chapultepec.

Sí, quedaron algunos cadetes luego de que Nicolás Bravo huyera del lugar, y entre ellos se cree que se encontraban éstos, pero no hubo acto heróico como tal y se cree que fallecieron igual que cualquier otro. Para salvar un poco el orgullo nacional, nos inventamos la historia. A lo mejor en el año 2500 se cuenta la heroica hazaña de cómo Peña Nieto humilló a Trump en el valiente discurso del 2016.

EL BILLETE DE $20

★ ★ ★

Benito Juárez. Benito fuckin' Juárez. Sólo con decirlo, luego luego se siente una vibrante erección de justicia y sapiencia. ¡Ah! Suspiro. Es como si al iniciar el libro hubiéramos querido, yo, escritor e historiador certificado ISO 9000, y tú, lector ávido de cultura, llegar a este punto. Cuando cada mexicano emite las palabras Benito y Juárez siente un cierto *je ne sais quoi* de que algo hay de bueno en la historia de nuestro país, tantita dignidad chingadamadre.

El punto es que aunque el concepto "Benito Juárez" no es un acontecimiento, guerra, siglo o periodo de monarquía, su importancia radica en la influencia que tuvo en varios de los acontecimientos históricos ya mencionados y por mencionar, además de los varios enemigos o combates que tuvo que disputar.

La vida de don Benito ha sido estudiada, contada, interpretada en festivales y obras de incontables primarias, donde siempre ha sido un disfraz popular que puede hacerse con sólo medio frasco de gel de catorce pesos y el traje de pajecito que usaste en la boda de tu tía. Su papel dentro de la historia de México es vital y aquí le dedicaré unas cuantas páginas para tenerlo todavía más presente.

En la mente de los mexicanos, el Benemérito de las Américas estará siempre en el bando de los buenos, así como en *Street Fighter* ubicamos a Ryu, pero no a Guile porque él es militar, y don Benito marcó el inicio de presidentes civiles y no militares. Además, tomemos su vida y su incansable lucha como eso, como un combate eterno en contra de diferentes enemigos que, si bien le iban bajando las rayitas de vida, siempre estuvo al pie del cañón, de cerca, de lejos, por todo México. Como Ryu. Abuget.

LO QUE LE HIZO EL VIENTO A JUÁREZ:

¡MI PAPALOTE!

JUÁREZ VS. SANTA ANNA

★ ★ ★

Benito Juárez nació en Guelatao, Oaxaca, el 21 de marzo de 1806, a los doce años se fue a Oaxaca (es la capital, pendejo) a estudiar y trabajar hasta que en 1834 se graduó de abogado. En 1847 fue electo diputado y viajó a la Ciudad de México, aunque se retachó a Oaxaca porque llegó a la capital en plena invasión estadounidense. Timing, Benito, timing.

Por aquellos tiempos, a otro de nuestros paladines, Tony Santa Anna (véanse las páginas dedicadas a nuestra «Alteza serenísima») lo perseguían por todo el país y buscó refugiarse en Oaxaca. Don Benito, que había sido en otro momento un santannista de hueso colorado, le cerró la cadena del antro. Por eso Santa Anna le agarró coraje y, unos años después, en una de sus tantas estancias cortas en el poder, mandó a Juárez a Cuba y de ahí a Nueva Orleans, al bote. Lo bueno es que fue en pleno Mardi Gras, y mientras repartían collaritos de cuentas, don Benito conoció a Melchor Ocampo y nació un bromance hermoso.

En cuanto Juárez regresó a México respaldó sin pensarlo dos veces el Plan de Ayutla. Cuando salió Santa Anna, y una vez que entró Juan Álvarez a la presidencia, éste le otorgó el cargo de ministro de justicia y, en ese puesto, el peleador de Guelatao sacó la Ley Juárez, que le quitaba tierras a la Iglesia y le dejaba sólo aquellas que ocuparan sus construcciones.

"POR FAVOR, NO QUIERO PASAR DE TRILLONARIO A BILLONARIO."

LA CONSTITUCIÓN DE 1857

"YA TE LA DIJE, AHORA TE APRENDES ESA FECHA."

★ ★ ★

Para febrero de 1857, ya con Ignacio Comonfort como presidente del país, se redactó la famosa Constitución. Justo antes de que el país llegara a una cierta estabilidad política y luego de años bastante desmadrosos. De 1821 a 1853 pasó de todo, fueron ochenta y tres mil cuatrocientos setenta y cinco cambios de presidentes y poderes (cifra aproximada), además de la redacción de cinco constituciones. ¡Cinco! Qué pedo con ustedes, fundadores, son leyes nacionales, no actualizaciones de Facebook.

Quizá como un buen intento de constitución, se reunieron una serie de reglas que pretendían ser equitativas y, según los liberales, llevarían al país a formar parte de la élite mundial. El problema con las ideas liberales es que muchas veces, aunque sonaban correctas, no se apegaban a la realidad del país (como los mecos que están armando la Constitución de la CDMX).

Es decir, para escribir esta Constitución lo que hicieron fue reunir lo mejor de las leyes de otros países e imaginaron que ya con eso iba a funcionar. Era como comprar condones magnum con la esperanza de llenarlos de puro milagro. Historia real :(

Quizá el principal pecado de esta Constitución fue meterse en broncas con la Iglesia (pun intended). Fue un atentado contra el catolicismo mexicano, que en esos años todavía se sentía con el derecho de hacer y deshacer. O sea, en estos años todavía se siente así, pero estamos hablando de esos años.

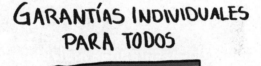

¿DE QUÉ SE TRATA TODO ESTO?

★ ★ ★

De establecer las garantías individuales según lo dictaban los derechos humanos, de los que se habló durante la Revolución francesa y de establecer el juicio de amparo, o sea otra manera de defender los derechos humanos.

Se pretendía la libertad de educación, trabajo, petición, asociación, tránsito, etcétera. También se establecía que a la República debían formarla estados libres y soberanos, o sea, una república representativa, democrática y federal. Ay, qué bonito suena.

De la discusión entre los legisladores católicos y el #TeamCiencia, se decidió que mejor no mencionarían cuestiones religiosas y así nadie saldría perjudicado. Pero la omisión encabronó al clero y decidieron excomulgar a quien jurara la Constitución; por otro lado, el gobierno dijo que iban a despedir a quienes no la juraran. O sea, tus papás en pleno divorcio y pidiendo a los niños que definan ellos la patria potestad.

El problema era que se diera la libertad de culto, si querías ser católico, musulmán, protestante, maradoniano o jediista te la pelabas, porque para la Iglesia en México la ley debía establecer la obligatoriedad de la religión católica.

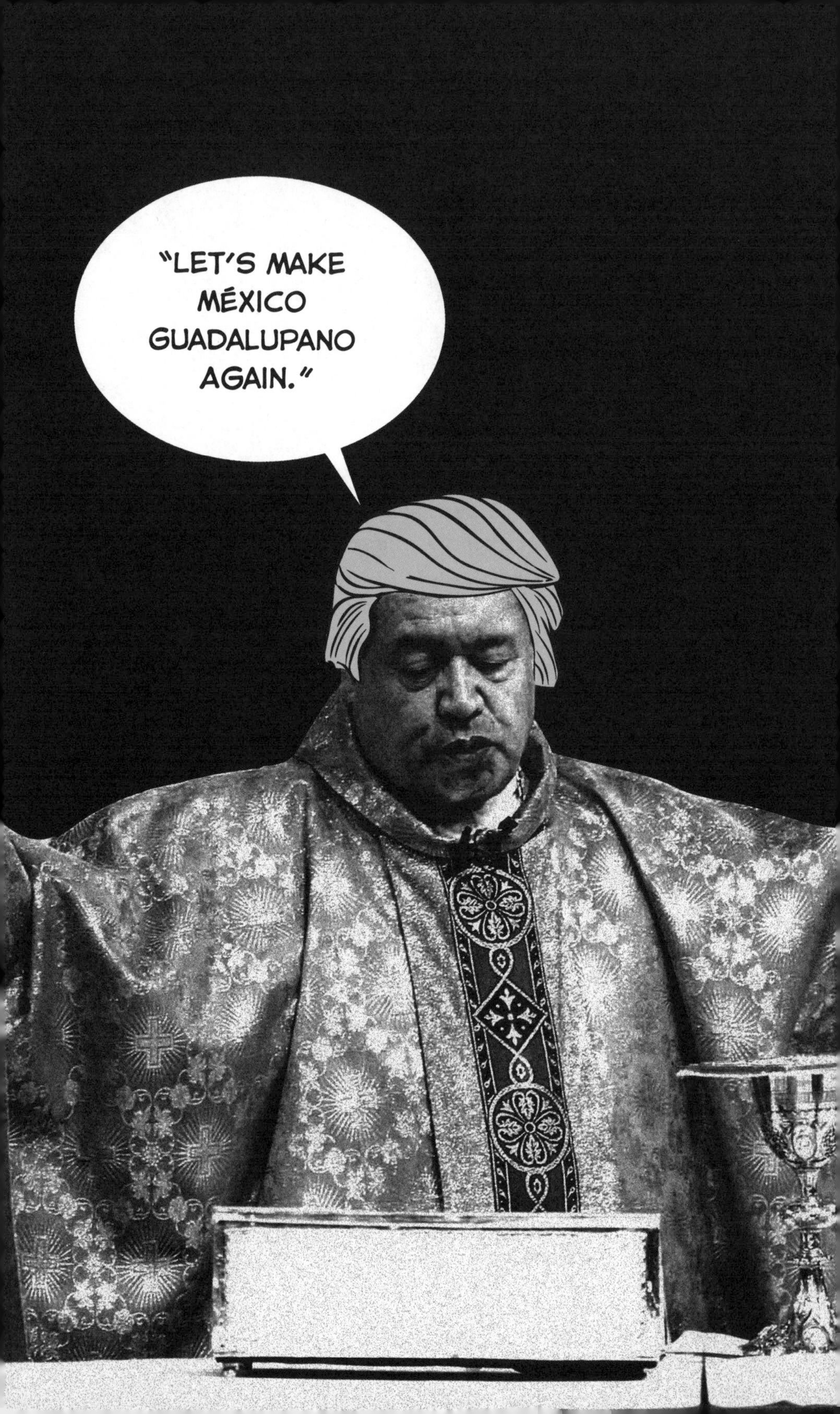
"LET'S MAKE MÉXICO GUADALUPANO AGAIN."

¿Y qué crees, adorado lector? Antes de que la Constitución entrara en vigor, el primero de diciembre de 1857, el presidente, en una reunión secreta determinó que no podría gobernar con ese documento, así que decidió derogarla con un golpe de estado. Porque ya estuvo de tanta paz, ¿dónde están los tradicionales madrazos?

La Constitución fue rechazada por parte considerable de la sociedad que contaba con el apoyo del clero y del ejército que mantenían costumbres antiquísimas. Y como todos sabemos, cuando el ejército y la Iglesia apoyan algo es porque súper va a beneficiar a la gente y está pensado en todos.

Comonfort se sintió un poquito intimidado y fuera de su zona de comonfort, se adscribió al Plan de Tacubaya para anular la sucia constitución liberal. Por ende, tuvo que soltar el cargo de máxima autoridad del país, para meterse al pleito. Por ley, porque él había nombrado a nuestro Benemérito de las Américas, Ministro de la Suprema Corte de Justicia, tuvo el de Guelatao su primer chance de ser presidente. Comenzaba así la leyenda "del billete de veinte".

Justo ahí, con Juárez como presidente y el tiro cantado de conservadores a liberales inició una más de las guerras que han ido marcando la gestación de nuestro México lindo y querido: la Guerra de Reforma o de los Tres años, cuyo bando conservador estaba bajo las órdenes de Félix Zuloaga, declarado presidente golpista, legítimo líder supremo de MORENA.

LA PRIMERA GUERRA DE REFORMA

★ ★ ★

El país estaba dividido: liberales contra conservadores. Por un lado había estados que seguían bajo la Constitución, pero el ejército y el clero estaban del lado de Zuloaga, aferrados a la idea de mantener sus derechos y jerarquía, así que en realidad nadie sabía muy bien qué ley obedecer. Juárez seguía como presidente constitucional, pero no podía quedarse en la capital porque la ocupó el "otro presidente", así que don Benito terminó instalando en Veracruz (¿es neta?, ¿qué no había otros estados?) su cuartel general, y fue ahí donde más loco se puso a la hora de promulgar varias de las Leyes de Reforma.

¡MERDE!

★ ★ ★

Esta guerra civil también es conocida como Guerra de los Tres años, porque duró tres años. O sea, qué esperaban, no hay chiste ahí, el nombre es autoexplicatorio, como *Otro Rollo* que es otro rollo. Finalizó con las victorias de Juárez en Silao y Calpulalpan (también batallé en leerlo). Ya con los conservadores en teoría derrotados, don Benito pudo entrar a la capital el 11 de enero de 1861, como único presidente de nuestro país siendo el mero chingón, Khalessi, hijo de Arathorn, del planeta Kriptón, Super Sayayin Nivel 8.

Los conservadores habían sido derrotados pero quedaron ardidones y, como no tenían para dónde hacerse, buscaron el apoyo de Francia, vía Napoleón III (el peor de la trilogía). Al mandatario francés le propusieron que instaurara una monarquía en México, que invadiera y volvieran algunas formas con las que comulgaban ellos también y que de nuevo hubiera gente para llenar las páginas de la revista *Quién*, porque con tanto prisionero de guerra quedaban medio vacías y ni modo de meter prietitos.

Al sobrino de Bonaparte le latía la idea de conquistar y gobernar en otro lugar, pero para Francia no había una razón de peso para justificar el pleito o entrarle a los chingadazos con México, por lo que se quedaron con esa idea guardadita. Como proponerle un trío a tu novia, soon.

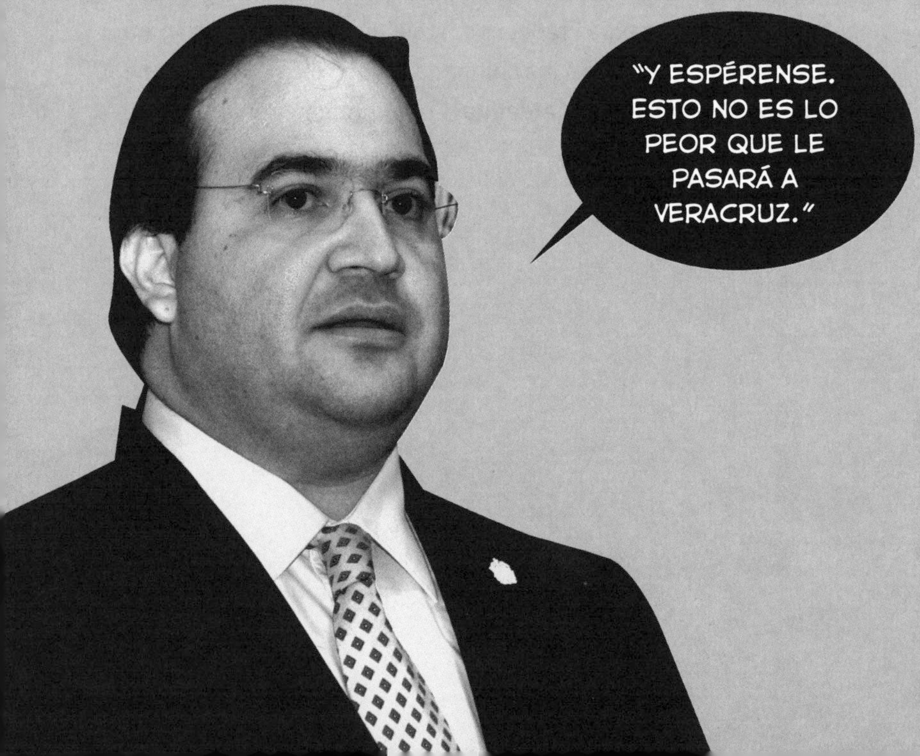
"Y ESPÉRENSE. ESTO NO ES LO PEOR QUE LE PASARÁ A VERACRUZ."

Fue hasta finales de 1861 y comienzos de 1862 (porque coincidió que estaban pegaditos) cuando don Benito suspendió los pagos de la deuda externa a España, Inglaterra y Francia, por lo que el país galo agarró eso como justificación para enviar tropas al país. Además, fue un timing perfecto para los bonapartianos porque los gringos, posibles aliados de México, estaban metidos en su propia guerra civil y no tenían tiempo ni cabeza para hacer valer su famosa Doctrina Monroe. El ejército francés atracó en Veracruz (¡me lleva la chingada, Veracruz!) y se fue directito a la capital.

N*SYNCO THE MAYO

(SI NO ENTENDISTE, NO SABES NADA DE LA VIDA)

★ ★ ★

Camino a la Ciudad de México se toparon. Y en serio. En su andar se dio uno de los acontecimientos más queridos por todos en Estados Unidos (porque se ponen un pedonón en Cincou di Maio). Sí, el 5 de mayo de 1862 el ejército mexicano que comandaba el general Ignacio Zaragoza derrotó a los franceses y los mandó al rincón a replantearse las cosas. A pensar si de verdad querían aventarse un tiro con México. Pero dado que Bad Luck México, un par de años después ya habían vuelto y el país fue declarado imperio de Francia. Ya asegurado el triunfo, Napoleón declaró al país como monarquía católica y envío a otro personaje.

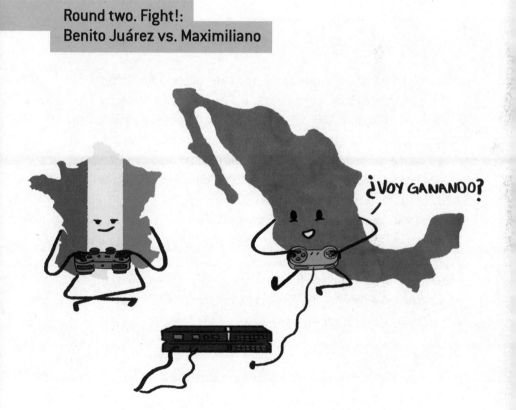

Round two. Fight!:
Benito Juárez vs. Maximiliano

No me gustaría decir que el némesis de nuestro Benemérito fue Maximiliano de Habsburgo, pero sí fue quien llegó a tomar su lugar, en teoría, al mando del país. Digo "en teoría" porque cuando llegó a instalarse como emperador de México, luego de la victoria del ejército francés, don Benito Juárez se mudó al norte todavía como presidente con derecho de México y desde ahí dirigió la defensa del país todavía durante dos años más.

Total, aunque nuestro Benemérito tuvo que llegarle un rato al calor y las carnes asadas del norte, a los mirreyes conservadores les salió el tiro por la culata. Maximiliano les salió medio liberal y decidió respetar las Leyes de Reforma. Claro, no por eso dejó de mandar como emperador porque una cosa es que la gente tenga derechos y otra muy diferente ser de la perrada.

Durante el tiempo que Maximiliano de Habsburgo fue emperador de México, Juárez se mantuvo al pie del cañón, aguantando hasta que Estados Unidos terminó su guerra civil y entonces sí pudo voltear a ver lo que pasaba por aquí y apoyó a México con armas, incluso tropas. Napoleón III lo supo y, por supuesto, retiró a sus fuerzas: una cosa es meterte con el ñoño en el recreo, pero cuando su hermano grande va por él a la escuela te haces pendejo y te sales por la puerta de atrás.

Maximiliano se quedó solo, al frente de unas menguadas tropas realistas y envió a su esposa a Francia. Sabía que el apoyo no iba a llegar, fue capturado por las tropas republicanas, sometido a juicio y entonces don Benito, sin misericordia, ordenó su fusilamiento. Luego se lavó las manos porque dijo que no era él quien lo mataba, sino la gente a través de la ley. Cuando le recordaron que él era presidente preguntó a qué se referían nospikinglish.

ROUND THREE: FIGHT!

★ ★ ★

En 1867 Benito Juárez se echó encima casi de forma definitiva a su último enemigo, el general Porfirio Díaz, al que derrotó en las elecciones presidenciales. Luego repitió el baile en 1871, y ya el pique se había vuelto más personal que político. Y como ya había sido mucho, el entonces joven y bigotón Díaz se levantó en armas contra Juárez y empezó a mover el pandero por uno y otro lado.

Si bien Juárez no era invencible, algún día debía valer madres, pero le llegó justo en el peor momento. Aunque para algunos una versión más sencilla es que enfermó y falleció, otros dicen que la responsable fue una mujer de nombre Leonarda, apodada la «Carambada». Esta muchacha supuestamente lo envenenó. En libros de historia más serios ni siquiera mencionan a esta mujer por falta de pruebas, pues que estudien los tetos. El punto es que Benito Juárez falleció en 1872, el país se quedó sin Benemérito de las Américas y le dejó las puertas abiertas a un personaje un tanto peculiar.

EL

POR

FI

RIA

TO

Y SUS SECUELAS

SEÑOR, SUÉLTEME EL BRAZO

Ningún otro protagonista de la historia nacional ha sido tan carismático como para que su periodo en el poder se conozca como una derivación de su nombre. El Porfiriato abarca casi treinta años de nuestra historia y, si bien es complicado o arriesgado decir que fue para bien o para mal, sin duda marcó y cambió al país porque México había quedado prácticamente en ruinas luego de aguantar una bronca con Estados Unidos en la que perdió la mitad del territorio, luego una guerra civil que dividió y disminuyó al país, para rematar con una invasión francesa que en más de una forma fue deteriorando ciudades y caminos.

Nuestro dictador de bigote chulo nació un 15 de septiembre de 1830, en Oaxaca. Perdió a su papá cuando tenía tres años, así que fue necesario que se pusiera a chambear desde chamaco: aprendió de carpintería y hasta de zapatero la hizo. O sea, no se andaba con juegos de niños y se endureció desde el comienzo. Y tú llorando porque no te compraron un Nintendo 64 cuando ibas en primaria.

¿DESDE ENTONCES, OAXACA? ¿NETA?

★ ★ ★

Para 1860, don Porfirio, ya treintón, salió por fin de Oaxaca (y tú sigues en casa de tus papás) para irse a buscar pleito en la Guerra de Reforma. Y así se la pasó, sumando victorias militares, hasta el insigne 5 de mayo de 1862. Si bien el triunfo de la batalla de Puebla fue de Ignacio Zaragoza, ahí andaba él también echando la mano y saliendo en la foto.

Regresó a Oaxaca y desde ese lugar combatió los embistes franceses de la época de Maximiliano y Carlota. Ahí, en su estado, creció su fama militar. Les dio guerra a los franceses hasta que Napoleón III (léase el capítulo de Benito Juárez) retiró a sus soldados y, ya con las tropas imperialistas disminuidas, sin obedecer las órdenes de Juárez, entonces el presidente de México, y con la intención de ganar poder político, primero fue a Puebla para recuperarla y luego a la Ciudad de México para, según él, tomarla también en nombre de Don Benito.

Lo cierto es que esa toma de Puebla y luego la de Ciudad de México no fueron ni tan complejas ni tan heroicas, lo cual no impidió que le dieran el apodo del «Héroe del 2 de abril», porque a la gente le encanta mamar y eso que todavía no existía internet. El trago amargo fue que Benito Juárez ni siquiera lo felicitó y esto le caló cabrón. Así fue que se postuló para las elecciones presidenciales de 1867, mismas que perdió. Entonces, regresó a La Noria, su rancho en donde pasaba el tiempo de descanso y reflexión.

NO REELECCIÓN

★ ★ ★

En 1871 volvió a presentarse contra el mismo Don Benito y también contra Lerdo de Tejada. Volvió a perder (aunque ahora por menos margen y fue el congreso quien determinó o dio la victoria a Juárez) y nuestro viejito de bigotes níveos levantó una de las pancartas más irónicas, incongruentes y chingatumadre que este país ha visto: NO REELECCIÓN. Claro, en ese momento nadie imaginaba lo que pasaría cuando él llegara por fin a la presidencia.

En 1872, luego de morir nuestro Benemérito, lo intentó de nuevo, pero fue Lerdo de Tejada el que se quedó con la presidencia. Ahora sí, ya derrotado, optó por el retiro. Y ahí hubiera seguido, pero cuando al final del periodo Lerdo quiso reelegirse, Díaz se levantó con el Plan de Tuxtepec para echarlo e impedir su reelección porque, claro, eso lo indignaba.

No había nada peor que reelegirse, ¡sunescándala!

Lo bueno: cuando Díaz tomó el poder no quiso establecerse así como así, cual presidente golpista. Se quedó como presidente provisional y convocó a elecciones, que ganó un año después. Fue en 1877 cuando se coló a la silla presidencial, que yo creo se le hizo muy cómoda porque ya nomás no la quiso dejar. Ese año ganó las elecciones. Ganó y se convirtió en presidente constitucional a sus tiernos cuarenta y siete años, oficialmente en ese momento arrancó su dictadura.

BUENO, SÍ REELECCIÓN

★ ★ ★

La verdad no voy a satanizar a don Porfirio, porque también logró varios avances, desarrollo y crecimiento en el país. Si bien fueron años de altas y bajas, críticas y cambios varios, al faltarle un macho alfa que le hiciera frente, este periodo no fue de guerras. O sea, se dejó sentir la mano dura del viejo, pero no pasó a mayores. Como con los seminaristas y su cura.

En la primera parte de su gobierno logró establecerse como ley y mandamás, dirigente y papá o patrón del país. Quedaron fijos su poder, modos y formas, feas y fuertes. Sentó las bases de su plan de gobierno, que buscaba arreglar el sinfín de desperfectos de México. De hecho, además del cuento de la no reelección, él y su equipo promovieron la idea de menos política y mucha administración.

También, en esos años metió mano dura para pacificar al país por la vía militar, y con una policía rural para poner orden en los caminos, cosa que lograron, pero a cambio se dieron montones de vejaciones a los derechos humanos. Si usted está pensando que eso suena muy similar a lo que sucede ahora, debo decirle que no, porque nosotros tenemos las vejaciones a los derechos humanos, pero no la pacificación que Don Porfi consiguió.

De todas formas, cuando llegó a la silla presidencial estuvo sólo cuatro años, porque luego de tanto escándalo que había hecho con la NO REELECCIÓN (en mayúsculas porque qué perro oso) habría sido absurdo reelegirse. Igual nomás para no dejar, ajustó un poquito la Constitución y estableció que un presidente no podría reelegirse (inmediatamente), tenían que pasar 4 años.

En 1888 comenzó la segunda etapa del Porfiriato. Para estas alturas ya Don Porfi andaba bien necio y empezaba a tomarse el gobierno de forma más personal. Ya con el país estabilizado y un superávit, por supuesto, llegó más inversión extranjera que derivó en un enorme crecimiento en la industria, con capitales extranjeros que fueron creando empleos. Se abrieron minas, creció la red de ferrocarriles, de telégrafos y hasta de teléfonos. México se iba acercando a la era industrial. Don Porfirio era bien visto en el mundo porque México ya no daba muestras de inseguridad. De verdad que Díaz traía una necesidad cabrona de quedar bien con los de afuera y ser parte de su clica de Mean Girls.

El único problemita con aquello es que todo iba quedando en manos, casi en todos los casos, de los gringos. Incluso cuando se encontró petróleo fueron sus empresas las que se encargaron de gestionarlo. Y de todas formas, la mayoría de la gente seguía pelándosela porque el dinero de las inversiones, como ahora, se quedaba en pocas manos y crecieron las diferencias sociales. Cof-cof, CAPITALISMO.

LA LEY DE LA SELVA

★ ★ ★

Don Porfirio tenía la idea de que el más fuerte es el que debe sobrevivir y entre eso y el descontento por la desigualdad y por la eterna presencia del viejo, comenzó el principio del fin.

No sólo estaba chocheando él, porque de hecho varios gobernadores e integrantes de su gabinete se habían reelegido. Todo su aparato (jeje, su aparato) estaba en las últimas y, por lo mismo, lo que sucedía alrededor del mundo quizá llegó a ser demasiado para el asilo de ancianos al que llamaba gabinete.

Su verdadero final se dio cuando en 1908, James Creelman lo entrevistó para una revista estadounidense. No sé si fue porque ya se le iban las cabras o qué, pero ahí dijo que ya no entraría a una contienda electoral más, porque según él, México ya estaba listo para la alternancia, ya lo había arreglado y era hora de quitarle las rueditas de apoyo a la bicicleta y si traen tantas ganas de vivir solos y sin su papá, pues buena suerte, yo ya me quiero jubilar.

Por esos momentos un bato de nombre Francisco I. Madero agitaba el ambiente con peticiones de no reelección y, cuando Díaz fue reelecto, se desató un desmadre todavía mayor al que se vivió durante la Independencia de México.

¿Cuantos años gobernó en total?

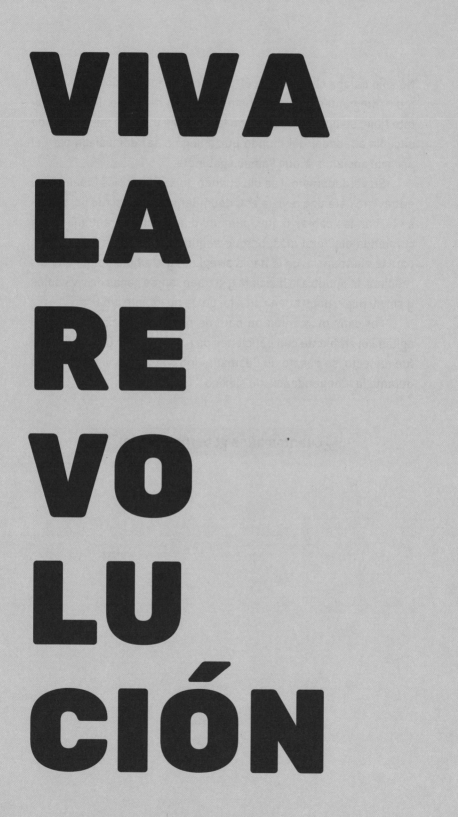

PANCHO VILLA

ADELE

ADELITA

Revolución mexicana es una de las expresiones
más repetidas, escritas, recordadas y celebradas
en nuestro léxico mexica, peeeeero, la neta no
a todos les queda claro qué es, quiénes querían
qué y por qué, y sobran los individuos que la
confunden con la Independencia (un saludo a los
influencers).

Estos años fueron un tremendo desmadre y,
como todo en nuestra historia, no hay buenos
o malos, ni un solo bando contra otro.

MADERO
(WOOD-O)

★ ★ ★

Francisco Indalecio (antes Ignacio) Madero nació
en Parras, Coahuila, en el seno de una familia
nice. Como parte de la administración del negocio
algodonero familiar Ignacio siempre mostró
preocupación por sus trabajadores
y sus condiciones laborales.

FRANCISCO & MADERO

Estudió en Estados Unidos y en París, en donde, en algún momento de su vida leyó sobre espiritismo y se lo tragó todito, o sea, creía que platicaba con fantasmas. Neta.

Primero a nivel estatal, luego nacional, este paladín de la no reelección dio lata hasta convertirse en una patada a los huevos del mismísimo Porfirio Díaz y fue quien comenzó con el borlote que terminó siendo la Revolución mexicana.

Según la Real Academia Española:
revolución

Del lat. tardío *revolutio, -ōnis.*
1. f. Acción y efecto de revolver o revolverse.
2. f. Cambio profundo, generalmente violento, en las estructuras políticas y socioeconómicas de una comunidad nacional.
3. f. Levantamiento o sublevación popular.
4. f. Cambio rápido y profundo en cualquier cosa.

Visto así, quedémonos con las palabras clave: revolver y revolverse, cambio, violento, levantamiento, sublevación... Es fácil entonces saber que aquello fue, como ya dije, un reverendo desmadre.

Con Madero de lleno en la política, cuando supo que Díaz no entraría a la carrera presidencial se movió, llamó a sus cuates (los espíritus) y bajo la idea de la no reelección comenzó a hacer escándalo para impedir la repetición de don Porfirio en el reclinable presidencial.

Obviamente, el presidente reprimió a las fuerzas maderistas, hasta aprehendió a Madero y lo metió al bote en San Luis. Desde ahí, luego de que don Porfirio se reelegiera (porque ooobviamente), Madero redactó su Plan de San Luis, en el que convocaba al país a levantarse en armas el 20 de noviembre de 1910 a las seis de la tarde. Así: les dio hora y todo. En el norte, alguien (o "alguienes") había escuchado el llamado y reunió un ejército para hacer la revolución, ese alguien era Francisco Villa; y en el sur, Emiliano Zapata, quien de haber sabido que un día el papel de su vida en una película lo interpretaría Alejandro Fernández, quizá hubiera decidido no ser un héroe nacional.

Madero escapó de San Luis y se fue para Texas a esperar la fecha señalada; llegado el día agarró vuelo desde Estados Unidos y arremetió contra el gobierno desde el norte, zona en donde se habían despertado varios revolucionarios. Fue tomando ciudades hasta que en mayo de 1911, previa firma de los Tratados de Ciudad Juárez, don Porfirio dejó el poder y se fue a Francia, lejos, donde nadie lo pudiera ver.

En junio de aquel año, Madero entró a la capital como el mero mero. Pero, como era un bato sencillo, dejó un gobierno interino, bajo las órdenes del presidente ex porfirista Francisco León de la Barra y pidió calma para todos, dejar las armas, respetar al ejército (¿los mismos porfiristas? Sí). No sé si fue un error, pero con eso brincaron los hombres que le habían ayudado a hacer la revolución.

En noviembre de 1911 Madero fue electo presidente de manera democrática. Sí, estimado lector, democráticamente. Por desgracia, con su convocatoria a la revolución y la decisión de no tomar el poder de forma inmediata, Madero desató un desorden porque quienes se le habían unido, los bandos del norte y del sur, ya en la práctica no eran tan parecidos a él.

Zapata lanzó el Plan de Ayala (planes y planes y más planes) para echársele encima. Con eso desconoció la autoridad de Francisco I. Madero y se puso a guerrear por el sur, aunque no lo derrocó. A pesar de tener a la prensa y al congreso en su contra, Madero gobernó durante 15 efectivos y justos meses.

El 9 de febrero de 1913 se le dejó venir la noche.

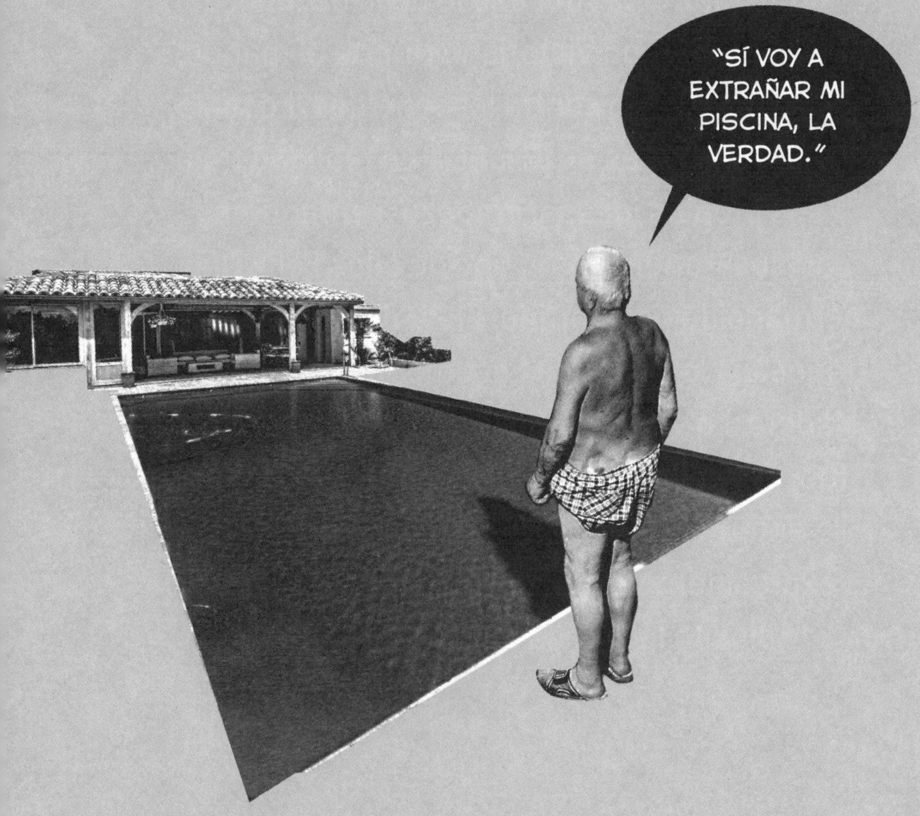
"SÍ VOY A EXTRAÑAR MI PISCINA, LA VERDAD."

LA DECENA TRÁGICA

★ ★ ★

Durante diez días (por eso lo de la decena, duh) el gobierno, con Victoriano Huerta al mando, estuvo de pleito contra los rebeldes. Lo malo, para Madero, es que Huerta en realidad traía sus propias ideas y empezó a entenderse con sus «enemigos», uno de ellos Félix Díaz, hermano de don Porfirio. El 22 de febrero, en el trayecto a la cárcel de Lecumberri asesinaron a Madero. La versión oficial de Victoriano Huerta fue: como que se cayó sobre unas balas y se le enterraron y qué mala suerte que tanto el expresidente como Pino Suárez fallecieran, diosito los tenga en su santa gloria.

David Alfaro Siqueiros, Juan Gabriel, Roberto "Anulfo"
Villegas, Heberto Castillo, Trotsky's murderer Ramón
Mercader, Gregorio Cárdenas Hernández and
José Revueltas.

**Huéspedes notables (reales)
de la cárcel de Lecumberri:**
José Agustín, William Burroughs, El asesino de Trotsky,
Siqueiros, los líderes del 68, Pancho Villa,
Juan Gabriel, en serio. Googléalo.

PANCHO VILLA

★ ★ ★

A José Victoriano Huerta Márquez, inventor de los lentes de villano, nadie lo invitó a la fiesta, era de esos personajes que a pocos les daban buena espina. De hecho, Estados Unidos nunca lo reconoció como presidente legítimo (me suena). Claro, la muerte de Madero no convenció a mucha gente y en muchos puntos del país hubo rebeliones en contra de Huerta.

La noticia llegó a oídos de un macho como los de antes, un mexicanote guerrero y luchón, amante de las malteadas (historia real), un rijoso con ínfulas de Robin Hood: Doroteo Arango, pero como ese nombre no estaba tan badass se lo cambió a Francisco Villa.

Aunque Madero había tenido ciertas diferencias con Zapata y algunos grupos más, todo mundo sabe que entre revolucionarios podemos despedazarnos, pero jamás nos haremos daño. Por lo tanto, el asesinato de Madero despertó el sentimiento de alianza en el norte.

Villa era en realidad un bandido, pero que en el fondo buscaba la justicia social. Pasó muchos años dedicado al pillaje, hasta que en Chihuahua conoció a Madero, que lo subió a su carrito de lucha. Villa (te hice leer "lucha villa", porque tengo 5 años) a cambio puso buenos combatientes a favor de la lucha revolucionaria y fue haciéndose de victorias en el norte. Luego del triunfo maderista y de un breve tiempo en prisión, se fue a Estados Unidos. No volvería a México sino hasta que supiera de la muerte de Madero y sería para vengarlo, respaldado por uno de los ejércitos más temidos de la historia del país: la División del Norte.

Venustiano Carranza, que creció con posters de Benito Juárez en su habitación, fue ganadero en Coahuila, muchacho tranquilo, no se metía en pleitos... hasta 1910, cuando desde su estado se unió a la lucha revolucionaria de Madero. Luego a Huerta se le ocurrió tomar el poder por la fuerza, y el estado de Coahuila, del que Carranza era gobernador, se negó a reconocerlo.

Para hacer frente al acto del usurpador, el barbón que fue la cara de la moneda de 100 pesos que no servía gran cosa, a menos que quisieras descalabrar a alguien, firmó otro plan, el de Guadalupe, con el que renegó del nuevo gobierno y creó el ejército constitucionalista. Con eso se llamó el primer jefe de la Revolución.

EMILIANO: THE FIRST ZAPATISTA

★ ★ ★

Emiliano Zapata empezó a combatir desde el sur al régimen porfirista antes de que estallara la Revolución. De hecho, se sabe que don Porfirio se había sentido tranquilo hasta que supo que en el sur se le estaban levantando.

Zapata era ruidoso. Para cuando se hizo el llamado, este caudillo ya había tomado varias tierras, empezando por Anenecuilco, de donde era originario y cuyos campesinos habían perdido ya propiedades a manos de los ricos hacendados, que al parecer no sabían que la tierra es de quien la trabaja, los muy comodinos.

Todo parecía ir a toda madre. Los dos revolucionarios del norte echaron a Huerta y llegaron a la capital, no le hacían mucho caso a Zapata, que andaba de bronca con todos, pero sí procuraron que tampoco les echara a perder la fiesta del triunfo. Sin embargo, como pinches siempre, ya que habían unido fuerzas Villa y Carranza empezaron a surgir las diferencias e hicieron una junta en Aguascalientes para ponerse de acuerdo. El nivel de fracaso fue tanto, que Villa terminó aliándose con Zapata y se puso en contra de Carranza. Chamacos cabrones, otra vez a andarse peleando.

Como se le amontonaron y le hicieron el dos contra uno, Carranza se fue a Veracruz (...). Villa y Zapata se quedaron en la capital y para no pelearse entre ellos, le dieron el poder a Eulalio Gutiérrez (¿quién?). Sin embargo, Carranza tenía un Álvaro bajo la manga, cuya manga no tenía nada debajo.

ZAPATISTAS, ASSEMBLE!

ÁLVARO OBREGÓN

★ ★ ★

A Obregón le iba y le venía la revolución maderista,
no era un hombre con ambiciones políticas...
le entró la curiosidad hasta que su hermano
fue nombrado alcalde interino de Huatabampo.
Cuando se derrocó a Madero, Obregón tomó el
cargo de Jefe militar de Hermosillo, por parte del
ejército constitucionalista; entonces Carranza y
él se hicieron amiguis, así que cuando Villa
y Zapata unieron fuerzas, salió a defenderlo.
Porque bros before hoes.

Fue Obregón el que una y otra vez le dio en su madre a Villa, hasta derrotarlo en 1915 y mandarlo desbalagado a cualquier parte. En una de las batallas anticlimáticas, ya de puro trámite, Álvaro perdió el brazo. Y así se regresó a Sonora, aunque nunca dejó de ver, de lejitos aunque sea, el reclinable que todos buscaban.

Con las aguas tranquilas, aunque un país, como siempre después de cada conflicto, enfermo, hambriento y debilitado, Carranza regresó a la capital y convocó a un congreso constituyente para redactar una nueva, otra, una más, ¿la última? constitución, esta con un mayor contenido social, a la que algunos vieron como la más avanzada porque incluía ideales revolucionarios (qué motheeeeernou).

La Constitución fijaba a un gobierno constructivo y regulador, si bien el país seguiría siendo una república federal, representativa y democrática, ahora se le daría más poder al Ejecutivo. Ese mismo año en que se promulgó la Constitución, Carranza fue electo presidente, qué buena fortuna la suya.

MÉ XICO POS RE VOLU CIO NARIO

(¡YA ACÁBATE, DESMADRE, POR FAVOR!)

Venustiano Carranza gobernó durante tres años.
Cuando se acercaba el final de su periodo quiso
imponer a un tal Bonilla como su sucesor (equis,
ni te lo aprendas). La elección no fue bien vista
por casi nadie, porque, psss ese güey quién es o qué
(¿ves?). A Obregón no le pareció e hizo campaña
para llegar. Carranza se quedó abandonado, ya
ningún general le hizo caso, huyó a Veracruz como
siempre, como todos, como antes, y en el trayecto,
en el viaje en tren, lo emboscaron y asesinaron.
Visit Veracruz!

El primero de diciembre de 1920, Álvaro Obregón llegó al poder. Su periodo no fue tan ingrato, en realidad hizo algunas cosas: creó la Secretaría de Educación Pública y nombró como su titular a José Vasconcelos, construyó escuelas, promovió la creación de murales en edificios públicos, hoy hermosas pokeparadas. Vasconcelos ¿el primer Banksy?

En 1923 Obregón apoyó a Plutarco Elías Calles, pero para reelegirse él en 1928 (debido a que en 1927 el congreso aprobó la reelección gracias al Plan de Merecontrallevalachingada). Por ello, no es de sorprender que se sentía todopoderoso, que nadie podría sacarlo de ahí a pesar de ser detestable (como Kanye West, pero mexicanito). Y también es completamente normal que le surgieran enemigos, amenazas y atentados que no lo mataron (hasta que sí).

De hecho, Obregón llegó a decir que se iría cuando alguien se atreviera a cambiar la vida por la suya. Pues bueno, en 1928, ya como presidente electo, mientras comía en el restaurante La Bombilla, un hombre se acercó y de postre le metió varios tiros. El nombre del asesino: José de León Toral. (Yo por eso soy más bien de flan horneado.)

SETENTA AÑOS DE DICTADURA

(CONQUE DE AHÍ SACÓ LA IDEA TODO PINCHE SUDAMÉRICA. MÉXICO: TRENDSETTER DE LA DESGRACIA)

Originalmente este capítulo estaba resumido en una sola línea: "El PRI está bien culero", pero el editor pidió más carnita, y pagan por hoja escrita (por lo que si ven secciones a doble espacio y con letra tamaño 82, plis no digan nada) así que ahí vamos.
¿Quién fue el profe Calles?
(No hay nada más "street" que apellidarse Streets).

Guaymas, Sonora, 1877. El 25 de septiembre de aquel año nació uno de los personajes que por lo hecho y deshecho sigue vigente en la historia que seguimos construyendo. Para 1894, Plutarco Elías Calles (de ahora en adelante lo llamaremos "el Profe") se recibió de maestro y dedicó sus días a la docencia y a la bebida, o sea, básicamente un maestro normal. Por fortuna, para él y quizá para nosotros, en 1899 dejó la botella y se casó. Profe: ahí es cuando uno empieza a beber, no mame.

Ya lejos de la enseñanza se fue a armar un grupo, casi ejército pequeño, como una de las fuerzas opositoras a Victoriano Huerta que, como si fuera la primera dama, comenzaba a hacérsela de pedo al presidente en turno. De vuelta en México se puso a las órdenes de Álvaro Obregón, desde Sonora. Que si quería soldados, que si necesitaba apoyo, que si unos deliciosos hot dogs, usté pida, señor Obregón, me quedan cabrones.

El Profe era carrancista (tipo Belieber pero en aburridísimo) así que una vez derrocado Victoriano Huerta por el ejército constitucionalista, tomó ese otro bando. Para 1915, luego de defender con éxito la ciudad de Naco (no sabía que Durden tenía una ciudad en su honor), en Sonora, el protagonista de las antiguas monedas de 100 pesos le dio el título de gobernador y comandante militar de Sonora.

Aquí iba a poner un chiste de Sonora, pero no hay nada relevante en Sonora, así que mejor imaginen una foto de una viejita surfeando.

Durante su mandato, mi Prof le metió a las escuelas y penó el consumo de alcohol porque él sabía de primera mano en lo que podía convertirse una persona rendida a tan vital líquido (véase José José). Hasta ahí todo bien, ¿no? Digo, lo del chupe tampoco es que le haya caído en gracia a todos, pero nadie está tan casado con la botella como para tomar las armas nomás por su derecho a tomar (excepto, tal vez, José José).

Pues no. El Profe Calles decidió echar del estado al clero, con lo que ya empezaron a agarrarle tirria.

Muerto Carranza, se unió a Obregón y fueron dos tipos de cuidado. Para 1924, Calles, de 47 años, ya era presidente de fuckin' México (querido millennial, cuando tu papá te diga "a tu edad ya tenía una casa" respóndele "a tu edad Calles ya era presidente").

Si bien el gobierno de Calles puede presumir de varios aciertos en los campos de salud, transporte y educación, seguía manteniendo al clero en su contra o en contra del gobierno en turno, pues cerró escuelas religiosas y echó a figuras de autoridad dentro de la Iglesia católica. Eso no sólo le traería problemas a este muchacho, sino a varios sectores del país. Calles, orgulloso patrocinador de...

LA GUERRA CRISTERA

(ENTRA A UN BAR CALLES, UN CURA Y UN RABINO... SÓLO SALE CALLES)

Antes de la tormenta viene la calma. Pero también es después. Calma y tormenta son conceptos opuestos. Es como decir: "Después de la noche sigue el día"... pero después sigue la noche otra vez, y después el día, es el movimiento de rotación. ¿Voy a tener que sacar un libro de física para explicarles esto también? No, es un libro de historia. Y como nos enseñó la historia, antes de la tormenta viene la calma.

(COSAS QUE NO PASARON EN)
LA GUERRA CRISTERA

¡PELEA DE CRISTOS!

Ahora cambiemos tormenta por rebelión. Ya dijimos que a Calles no le iba la Iglesia y pretendía una educación laica, pero pss es que los pinches moditos con los que cerró templos y echó eclesiásticos resultaron en uno de los episodios más sangrientos de nuestro pasado, comparable sólo con nuestro sangriento presente. Puta madre, México. Seguro esto es culpa de Veracruz, de alguna manera.

Los campesinos que armaron las guerrillas y se levantaron en armas recibieron el nombre de cristeros, porque eran fans de Cristian Castro. De 1926 a 1929 se llevaron a cabo enfrentamientos, corrió sangre (y eso que no se inventaba la copa menstrual aún) y sucedieron bastantes atrocidades, principalmente en el campo. Fue un conflicto que sucedió por creencias que al final de cuentas y de todos modos, implicaban poder político.

Como siempre, ya después de iniciado el desmadrito y causado bajas en ambos frentes, alguien dijo qué tal si mejor encontramos puntos en común y le bajamos al baño de sangre y permitimos la libertad de culto, total, la Iglesia ya entendió y jamás intentará meterse en asuntos públicos de nuevo. Ajá.

Por esas fechas asesinaron a Álvaro Obregón, que había sido reelecto, y Calles, que se escudó en un discurso antirreeleccionista, buscó a alguien que pudiera tomar el poder: Emilio Portes Gil fue presidente interino mientras arreglaba el desmadre. O sea, mientras se medio arreglaba porque si somos honestos, al día de hoy el pedo sigue, gracias por nada VERACRUZ.

Ahí se le empezó a llamar a Calles el Jefe Máximo de la Revolución, ¿qué tal? y así lanzó un proyecto político que del papel saltó a la vida real y se extendió un ratito, poquito, pequeño, discretón, lo suficiente como para dejar una importante huella o cicatriz en México. Setenta y pico de años.

MEX TO
THE MAX

★ ★ ★

Con el Profe Calles nació un organismo que
pretendía mantener el orden político, porque
la verdad es que sí cansan tantas guerras, tiros,
orgullos y bigotes imponiéndose unos a otros.
Así que podría no ser tan mala idea darle
un cierto orden al desmadre que se habían
venido cargando, ¿no?

...

¡¿no?!

El Maximato… wait, ¿volvió Maximiliano? Pues no, Maximiliano para ese entonces estaba muerto y el único que pudo haber hablado con él era Madero. Más bien me refiero al periodo en el que el Calles, ya fuera de la presidencia y con el partido oficial andando, se dedicó a mover los hilos del país desde las sombras. Detrás del retablo, y con maestría operó los periodos de los tres primeros presidentes. O sea, sus periodos en el poder, no de menstruación. Porque, o sea, los hombres no menstruamos. Esperen, no menstruamos, ¿verdad? porque si no, tengo un atraso de un par de años. Estoy superembarazadísimo.

¿De qué hablábamos? Ah, el Maximato: les explicaba que el nombre es una derivación del mote que recibió de "Jefe máximo" de la Revolución. ¿Sí? Va de nuevo: jefe máximo = MAXImato. ¿No? Para la próxima sí necesitamos una agencia creativa que ponga nombres porrrrrque pinche ingenio nomás no. (Por cierto, pueden estar tranquilos, ya me bajó.)

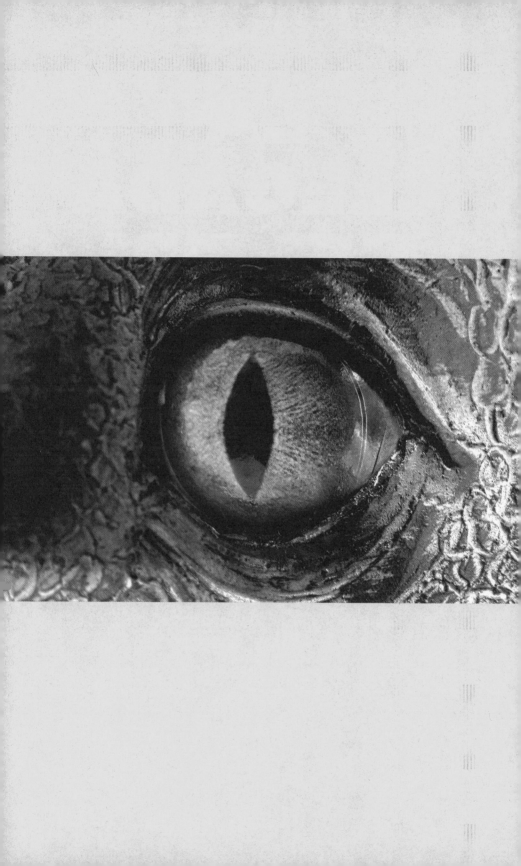

LA LLEGADA DEL PRI

★ ★ ★

El primero de diciembre es prácticamente una fecha fatídica para el pueblo mexicano. No sólo es el día en que una sucesión de presidentes (por lo general no deseados) han tomado el poder, también es la fecha en que se formó el partido oficial. Ese día, en 1928, luego de que Calles le diera el gobierno a Portes Gil, se puso al frente de un comité encargado de elegir al siguiente mandatario del país. A ese grupo lo nombró Partido Nacional Revolucionario o PNR (se pronuncia p´nrr, como "pene" pero en francés... pnrrrr). Digamos que fue una herramienta política para seguir en el poder, no para competir por él. (Oigan, hablé con mi doctor y me dijo que a los hombres no nos baja. Voy rápido a urgencias.)

¿¡Y POR QUÉ YO!?

UNA SERIE DE DESAFORTUNADAS PRESIDENCIAS

★ ★ ★

El mundo moderno iba acercándose a México (qué motherrrrnouuu) y los cambios y decisiones, aciertos y errores del gobierno fueron detonados por ajustes y desajustes financieros, manejos de crisis, sobrepoblación en las ciudades, mejoras, reformas y adecuaciones a los cada vez más grandes centros urbanos. A menos que seas de la CDMX, en cuyo caso los centros urbanos ajenos a tu ciudad no existen y todos los demás estados son básicamente granjeros con acceso a cine.

Por supuesto que detrás de todo siempre existieron y existirán ansias de poder, pero el crecimiento de la clase media, la lenta alfabetización y el movimiento a las ciudades, hicieron que fuera la lana lo que marcara los pasos de cada sexenio presidencial. Pinches tan interesadotes.

PASCUALITO

★ ★ ★

El primer presidente del partido, como ya sabemos todos, fue Pascual Ortiz Rubio (who?), que llegó por orden de Don Plutarco (what?) el 5 de Febrero de 1930 (when?). Lo gracioso es que por aquel entonces sí se declaró un candidato opositor, José Vasconcelos (sí, el de las avenidas y primer dirigente de la SEP) y, como el PRI desde chiquitillo y antes de llamarse PRI siempre ha sido el PRI, manipularon las elecciones para que Vasconcelos no ganara. (Classic pnrrr.)

Al pobre de Pascual lo apodaron "Nopalito" por baboso y la neta sí está más chido que te digan "nopal" a PASCUAL; le decían así por no zafarse la imagen de ser un pelele de Calles. Tan cabrón estaba su caso que tuvo que dimitir luego de tres años porque no le quedó de otra, y hay quienes dicen que el apodo y la fama que le generó su corto periodo presidencial lo jodió toda su vida.

Pobre Nopalito, la vdd.

Luego de Ortiz Rubio, nos esperaba una serie de presidentes impuestos cada uno por su antecesor y no por la gente. Como una cita con Cristian Castro, puro dedazo. Todos parte de una una serie de puntadas políticas bien de la chingada, pero parte de nuestra identidad, pa'qué nos hacemos también nosotros.

Después de que Ortiz dimitiera en 1932, Calles designó como presidente interino a Abelardo L. Rodríguez a quien asumo que conoció en Plaza Sésamo. Fue él porque el Profe necesitaba a alguien que lo obedeciera, pero que tampoco se hiciera de tan mala fama como el pinche Nopalito.

Peeeeero, con todo y que Abelardo no le salió tan Pascual, al final siempre llega un charro más pelado que el anterior para imponerse, para bien o para mal. En 1934 Calles designó a un amigo y consentido, discípulo al que incluso llamaba "chamaco", para que asumiera la presidencia. Suponía, claro, que sería el cuarto Backstreet Boy. Pero no, no fue así. Ese alguien cortó los hilos que usaba Calles para mover al país. Y ni de pedo se dejó llamar "chamaco", sino que la gente lo conoció como:

EL TATA

A Lázaro Cárdenas también podríamos decirle el
Parricida, y no en mala onda. Él fue elegido por
Calles para ser el siguiente presidente en 1934,
pero en 1936, apenas dos años después, ya le
habían crecido lo suficiente las criadillas para
sacar por fin a nuestro amadísimo Jefe Máximo
del país y lo mandó a asolearse a San Diego,
California, a pesar de que eran maestro y discípulo
desde tiempos de la Revolución. Porque como dice
el dicho, el alumno siempre supera al maestro,
y luego lo manda a otro país para que no estorbe
el muy inepto.

VEÑ

Además de repartir más tierras que nadie (impulsó la reforma agraria), el ex gobernador de Michoacán mandó siempre como un padre para la gente (como un padre buena onda, no de los que mandaba a dormir sin cenar), por eso lo apodaron "el Tata" y durante su gobierno abrió las puertas a hordas de refugiados políticos españoles que huían del fascismo o de las canciones de Héroes del Silencio, no traigo bien el dato.

Sin embargo, quizá por lo que más se le recuerde es por ser el responsable de otro de los sucesos que más mencionamos en la escuela: la Expropiación petrolera. Básicamente se trató de que algunas empresas extranjeras se negaron a obedecer un fallo de la Suprema Corte de Justicia y Tata Cárdenas tomó la decisión de "Mi Casa Mis Reglas" y sáquense a la fregada de aquí, nos vamos a quedar nosotros con el petróleo y ustedes sí se van sin cenar. Aunque la decisión fue correcta, dio lugar a una de las empresas más conflictivas por cuarenta y tres mil razones distintas: Pemex.

En 1938, en pleno sexenio, el PNR cambió de nombre a PRM (Partido Revolucionario Mexicano) (se pronuncia p´rrm) porque... razones.

MACHO
CAMACHO

★ ★ ★

Con todo y que Cárdenas puede recordarse como
un buen presidente, de todos modos tenía dentro
ese gen dinosáurico y, así como él fue impuesto,
le pasó la antorcha a Manuel Ávila Camacho, del
que no puedo escribir algo gracioso.

Este cachetón y religioso presidente mexicano conoció a Tata Cárdenas cuando lo enviaron a chambear a Michoacán, como uno de los generales del ejército. Ya cuando Cárdenas fue presidente, Camacho fue su secretario de Guerra y Marina, aunque algunos historiadores dicen que él apuntaba al puesto de secretaria bilingüe con dominio de Office.

Luego de que Cárdenas lo designara en las elecciones (que seguían siendo una pantomima), Manuel A. Camacho "derrotó" al candidato opositor, Juan Andreu Almazán. Su sexenio comenzó en 1940 y pasó por la Segunda Guerra Mundial, así que él tomó la decisión de unirse a la guerra luego de que submarinos alemanes hundieran dos barcos mexicanos (y desde entonces creo que la Marina no tiene barcos).

La decisión terminó beneficiando al país porque entre el intercambio de materias primas (de México) y máquinas y tecnología (para México), comenzó un auge de industrialización y crecimiento; además, durante estos años se inauguró el IMSS y el Fondo de Cultura Económica inició su consolidación como una de las editoriales más importantes de Latinoamérica, y ya en cualquier momento alguna administración los va a modernizar. Ajá.

MIGUEL ALEMÁN,

SOCIALITÉ EN EL PODER

★ ★ ★

La cadenita no debía romperse y Miguel Alemán fue el elegido por Manuel Ávila Camacho para seguir en el poder. Además, eran compas desde tiempo atrás porque este as de los bienes raíces y figura de la sociedad (Trump, anyone?) coordinó la campaña del anterior presidente.

Luego de otra bonita pantomima escolar, Alemán Valdés Tintán tomó el poder en 1946. Nuestro presidente de aquel entonces se había acostumbrado a crecer fortunas y quería hacer lo mismo con el país (no, en serio, Trump, anyone?), así que armó un equipo de académicos y ya no de militares. Porque la pluma es más fuerte que la espada (pongan eso en mi tumba, me mamé). Aunque en esa época ya no se usaban plumas. Tampoco se usaban espadas. Porque la máquina de escribir es más fuerte que el rifle. Pero nunca se enfrenten a un rifle con una máquina de escribir.

...

¿Qué?

Cierto, académicos y no militares: con esa idea, en su gobierno se construyeron carreteras y presas, todo para que la capacidad y poder económico de México creciera, cosa que sucedió como nunca antes. A final de cuentas, su enfoque capitalista también sirvió para hacernos más amigos del Tío Sam. Que es una de las pocas veces que vale la pena ser muy cercano a tu tío, fuera de eso, mucho ojo, chavos.

Pero claro, donde hay dinero hay manos abiertas. Con Alemán se fortalecería un esquema bien padre que sigue replicándose al día de hoy, en el que la persona a cargo de las obras, sabe trabajar tan pero tan chingón que de pronto todos sus amigalácticos y familiares se volvieron multimillonarios. ¿Grupo Higa, anyone?

ADOLFO RUIZ CORTINES,

EL MATEMÁTICO

Este presidente llegó al poder ya mayorcito.
El antiguo secretario de gobernación de Miguel
Alemán era, podría decirse, un polo opuesto.
Mientras que su antecesor era fresa y fiestero,
Ruiz Cortines era un tipo de costumbres
anticuadas, seco, pero recto y hasta uno de los
primeros feministas (y de los que sí sirven porque
hacen cosas más allá de tuitear ofendidos).

Entró a la presidencia con la misión de parar gastaderas y detener la pachanga que tenían, motivado quizá por su pasado estadístico, porque la gente que se dedica a los números no tiene alma. (Lo siento contadores, pero ése es un hecho. De hecho estoy seguro que no se están riendo de esto. Punto para mí.) También intentó parar la corrupción que había visto de primera mano y dijo que prefería no construir, pero que la gente no pasara hambre. La única carretera que construyó fue la carretera para ir a chingar a su madre con tanto gasto.

Suena raro, pero parece ser que en una de esas Ruiz Cortines fue un presidente honesto y transparente, y quizá por eso, por encontrarle menos tierra, se sienta como un tema menos jugoso. Así qué chiste. Ni siquiera podemos decir que falló en contribuir al crecimiento de nuestro adorado país, pues bajo su mandato se oficializó el voto de la mujer y hasta nació la Comisión Nacional de Energía Nuclear (¡Nuclear, Jacobo, nuclear!). Acerca del voto a la mujer, ya sabemos que eso hizo presidente a Peña en 2012 y la mentada comisión no valió madre, pero seguro tenía buenas intenciones originalmente.

Ya al final sí tuvo que enfrentar dos fuertes huelgas, una de maestros (que si no me equivoco, sigue a la fecha) y otra de los trabajadores ferrocarrileros (que nomás porque ya nadie usa el ferrocarril no sigue), aunque esto cruzó el umbral de su sexenio para entrar al siguiente.

ADOLFO LÓPEZ MATEOS

(O COMO MUCHOS LO CONOCEMOS: LA CALLE DE CHABELO)

★ ★ ★

El señor Adolfo López Mateos resultó ser un enamorador, un galán de balneario nivel 10. Como sucedió en el sexenio anterior, fue destapado como próximo presidente luego de trabajar como coordinador de campaña de Adolfo Ruiz Cortines (por lo visto era más fácil llegar a Los Pinos por ese medio en vez de, ya saben, ser un buen político). Este gentil hombre entró a la política gracias al timbre de su voz, a las melifluas palabras que salían de sus labios. No, en serio. Eran tan buenos sus discursos que así llamó la atención de políticos. Y esa voz. Grrrr. Pnrrr.

En su sexenio le tocó asimilar el crecimiento de la clase media en su urgencia por hacerse de triques, por aumentar su poder adquisitivo, por la moda, por un montón de cosas más. Mientras, él se dedicaba a las conquistas, pero no de territorios, pues fue un presidente bastante mujeriego (o sea, por su parte, hehehe) y viajero que cuando se ausentaba, dejaba el control del país en un tipazo, quien sería el siguiente presidente de México y cuyo nombre, como Voldemort, me cuesta escribir.

Probablemente también sea culpa de los consejos de este señor que López Mateos es recordado por sus órdenes de represión, cárcel y torturas (ninja) a quienes osaban levantar la mano.

AQUÍ LÓPEZ MATEOS SIENDO UN PRESIDENTE MEMORABLE:

IMAGEN NO ENCONTRADA

Otro detallito que no debemos olvidar: en su gobierno llegó la moda de vestir soldados de civiles, porque no hay mejor camuflaje que no andar con pinches ropas de camuflaje en medio de la plaza y, pues, así es mucho más fácil andar de incógnito para apresar gente.

GUSTAVO DÍAZ ORDAZ,

FEO POR DENTRO Y POR FUERA.

(BIEN PINCHE FEO)

★ ★ ★

Este podría ser, aunque queda lugar a discusión, uno de los periodos o experiencias más culeras que hemos tenido con presidentes. Y aunque el guapo de Atizapán ya había dado avisos de lo que venía, el país tampoco esperaba la mano dura, la inflexibilidad, rigidez, poca tolerancia y nulo sentido del humor de Gustavo Pinches Díaz Pinches Ordaz.

El otrora (quiere decir "en otro momento". Acabamos de aprender una nueva palabra juntos. #HistoriaReal) secretario de gobernación de Adolfo López Mateos comenzó su periodo oficial como presidente en 1964, pero desde antes ya aplicaba su dureza para aplacar cualquier intento de sublevación o quejas públicas en el país al que luego terminaría gobernando. Porque para un ojete profesional nunca es demasiado temprano para empezar.

Su amigo y polo opuesto, López Mateos, había conseguido traer a México los Juegos Olímpicos de 1968, pero Díaz Ordaz se oponía a que se celebraran porque representarían una inversión demasiado alta para el país. Quizá porque eso lo tenía de mal humor, fue que ese año ocurrió el suceso por el que más sería recordado. Ya saben cuál.

En esas fechas sucedieron una serie de conflictos universitarios que fueron escalando hasta salirse de control y, debido a la represión inicial de la policía, se convirtieron en una protesta formal por parte de los universitarios. Posteriormente el gobierno, haciendo gala de habilidades de negociación, terminó "aplacando" el asunto con el ejército, usando infiltrados entre los civiles y chingos chingos chingos de violencia. Aplacando es un decir, porque aún no olvidamos.

De la noche violenta del 2 de octubre en la Plaza de las Tres Culturas, en Tlatelolco, todavía quedan desaparecidos y el país siente una terrible resaca difícil de olvidar.

Díaz Ordaz: no importa que más hayas hecho, esto te define. Superchingas a tu madre.

LUIS
"TÚ LAS TRAES"
ECHEVERRÍA

Entró cubierto en escándalo porque le echó la pelotita a su antecesor con aquello de Tlatelolco, aunque hubo quien dijo que fue él quien en realidad dio la orden de arremeter contra los estudiantes. Una especie de yo no fui fue Teté, pero en macabro.

Y ya cuando le había pasado la culpa a Díaz Ordaz por la matanza del 68, curiosamente en 1971 ocurrió algo similar: el Jueves de Corpus, día en que se reprimió y atacó a grupos estudiantiles. De nuevo, Echeverría se deslindó de lo acontecido. Eso nos deja todavía pensando (pensando en cómo era un hijo de la chingada). A este hecho se le conoce como el Halconazo. El primo represor del Tucanazo y bully del Gallinazo.

También recordamos a esta fichita por aumentar la deuda externa a cantidades absurdas, devaluar el peso y ahuyentar a la inversión extranjera. Entre corrupción y gastos inexplicables fue sumiendo al país en un broncón. Lo que algunos creen es que de plano se volvió loco, porque con todo y la sospecha de su orden de arremeter con violencia contra civiles, se quiso postular para el Premio Nobel de la Paz. #Cinismo.

Al final, y como una especie de "Posdata: chinguen a su madre", eligió como sucesor a su cuate de viajes y juventud: José López Portillo.

LÓPEZ PORTILLO:

EL SUERTUDO

★ ★ ★

Imagina, mi lector favorito, que tienes una bola de cristal, ves el futuro y descubres el número del boleto ganador de la lotería. Sabes que esa bola de cristal no falla y compras el número que ya sabes que saldrá premiado. Llega el día de la lotería y, además de que tienes en la mano el número ganador, te enteras de que nadie más compró boletos. Nadie. Los organizadores dicen que igual uno debe ganar. Doble certeza. Pues así de difícil la tuvo López. No sólo fue el candidato de Echeverría, sino que además no había con quién competir en la elección (nomás porque AMLO en el 76 todavía no acababa la carrera).

Súper chingón. Excepto porque luego de tan buena suerte le tocó agarrar un país con la moneda devaluadísima, endeudado como si hubiera comprado en Coppel con un préstamo de Banco Azteca, y en general en una pésima situación económica. Al principio se puso a chambear y podría decirse que iba enderezando el barco (tuvo suerte porque se empezó a dar un auge petrolero cabrón), pero luego, igual que otros antes, se puso a despilfarrar como sólo el PRI sabe hacerlo (sin mencionar a su esposa, de cuyo nombre no quiero acordarme).

Luego (porque ooooobviamente), cayó el auge petrolero y tomó la decisión de comenzar a endeudarse vía Pemex, su falta de experiencia, corrupción y voracidad fueron empinando al país hasta llevarnos a la bancarrota. Irónico para alguien que prometió que "defendería el peso como un perro" y acabó poniéndolo de perrito.

Lo lógico era que quien lo siguiera, supiera más o menos manejar los dineros, por lo que se fijó en su secretario de programación y presupuesto: Miguel de la Madrid.

MR. FIXALOT

★ ★ ★

De la Madrid llegó con toda la intención de rescatar
al país del hoyo en el que había caído (o más
bien lo habían tirado). Y como la intención es lo
que cuenta, fue un gran presidente. Broooomi,
tampoco lo queremos.

Fue en su gobierno que, quizá con más descaro, el PRI marcó la poca aceptación de una transición democrática, aunque al mismo tiempo se levantaba por fin, con más fuerza, ya en varios casos innegable, la oposición política. O sea, durante su sexenio, iniciado en 1982, el PAN ganó algunos municipios, cosa que molestó bastante al presidente.

Fuera de eso, sí comenzó a componer las diabluras de López Portillo y el país se recuperó en el plano económico. Aunque quizá será más recordado por su tibia, lenta, casi nula reacción durante el terremoto de 1985, donde la gente demostró que su capacidad de organización y de hacer frente a una catástrofe estaba muy por encima de la del gobierno. Por favor, no olvidemos eso nunca.

Para no romper con la tradición, impuso como candidato a su secretario de programación y presupuesto. ¿Adivinan? Así es.

El Napoleón ochentero. No es que haya sido amigo íntimo de Julio César Chávez, ni que el boxeador le haya regalado un par de guantes y lo haya usado como instrumento de campaña. No es por eso que lo recordamos. Es porque quizá es el más famoso presidente que hemos tenido por bastantes otras cosas.

CARLOS SALINAS DE GORTARI

(LOS LANNISTER SÍ EXISTEN)

★ ★ ★

Salinas (brrrr) entró por la puerta grande, si por puerta grande nos referimos a uno de los fraudes más descarados y sonados del partido oficial. O sea, sabíamos que todos entraban así, pero esta vez sí se la meeeegamamaron.

Luego de una contienda presidencial bastante disputada entre no dos, sino tres candidatos: Cuauhtémoc Cárdenas, Manuel Clouthier y Carlitos, todo parecía indicar que el triunfo de Cárdenas estaba dado, la esperadísima transición a la democracia y en eso... el Día del Juicio Final, Skynet decidió irse a dormir, se cayó el sistema de forma sospechosa y cuando reinició, Salinas había ganado. ¡Gracias, Windows!

Con todo y sus chingaderas, el sexenio comenzó fuerte, positivo. Salinas logró reducir la deuda externa, privatizó empresas públicas que costaban un dineral al estado y creó programas que mejoraron o pretendían mejorar la condición de los sectores marginados e indígenas (cierren los ojos y vean cómo aparece el rostro de Lucía Méndez, Mijares, Verónica Castro, Daniela Romo, Pandora, Bibi Gaytán, Tatiana, Angélica Vale, Sasha y... escuchen cómo el corazón grita "Sooolidaaaaridad").

También firmó el Tratado de Libre Comercio. Su formación de Harvard parecía que había rendido frutos, tantos que el siguiente presidente también surgiría del grupo de los tecnócratas (o sea, los tetos) el país seguiría viento en popa. Pero su periodo tomó un giro tenebroso.

A ver, si analizamos los hechos aislados y de manera objetiva, el sexenio de Salinas fue de crecimiento, prosperidad y paz. Si obviamos los muertos. Y la economía. Y las devaluaciones.

Y la corrupción. Y los muertos. Y las violaciones a los derechos humanos. Y los muertos. Ok, fue tan hijo de la chingada que sus consecuencias seguirían partiéndole la madre al país en el sexenio siguiente, cuando ya ni era presidente.

"YA, WEEEEEY."

Habla mal de este wey: finanzas malas, dolar de 3 a 9.
Le dejó un regalito a su sucesor, el error del 94.

ERNESTO ZEDILLO PONCE DE LEÓN,

EL EXILIADO

No es cosa de echarle porras a Zedillo, pero tampoco fue de los peorcitos. Lo cierto es que desde que subió al poder en 1994 le esperaba un panorama, si no turbio, en vías de serlo.

No sé si suene extraño, pero Ernesto Zedillo también fue secretario de programación y presupuesto, aunque no era la primera opción de su antecesor. De hecho, fue más bien el sustituto luego del asesinato de Luis Donaldo Colosio, el candidato elegido por Carlos Salinas (que, de todas formas, había marcado cierto distanciamiento con el entonces presidente). Luego de la muerte de Colosio, Zedillo fue el elegido al son de "La culebra" de Los Tucanes de Tijuana. Ay, la culebra.

A Zedillo le debemos reconocer el acierto de crear el IFE y deslindar al gobierno de la batalla electoral. Habrá quien diga que eso fue como dispararse en el pie, pero creeré que tenía la noble intención de volver democrático al país, no importa si por convicción o porque sabía que después de lo de Salinas ya no había confianza para el gobierno. Ahorita el IFE ya perdió esa confianza, y ya no se llama así, pero ésa es otra historia. Digan lo que digan sus detractores, él marcó al país de un modo que nadie más antes pudo (o quiso), el fin de su sexenio marcó el inicio de la alternancia política, que tan sólo llegó unas siete décadas y pico tarde. No fue albur, no sean nacos.

EN EL 2000

★ ★ ★

¡Llegó la democracia! Quizá no de la forma más brillante, pero luego de décadas de dictadura por fin pudimos intentar algo diferente. Para muchos, al principio, fue sólo la emoción del cambio, porque cuando vimos quién era el nuevo presidente, comenzamos a pensarlo mejor. Es como si te diera emoción ganarte boletos para un concierto y luego te das cuenta que el concierto es de Mago de Oz y pues qué perro coraje.

Si algo podemos decir de Vicente Fox Quezada es que no le gustaba guardarse lo que traía en la mente (tampoco es que fuera un chingo). Su sexenio, de 2000 a 2006, estuvo marcado, entre otras cosas, por su carácter fuerte, por el temperamento... por la imprudencia.

Su camino a la presidencia fue, la verdad, sencillo. Además de su carisma que enamoró a prácticamente todo el país, no tenía mucha competencia. Ni Labastida, que tenía poco o nada de chiste, ni Cárdenas que iba en picada, fueron rivales dignos del grandote de los bigotes, al parecer ninguno podría detener la urgencia por sacar al T-Rex de los Pinos. Por eso muchos dicen que más que votar a favor de él, la gente lo hizo a favor del cambio.

Ya en la presidencia, Fox siempre remó en contra de la corriente en el congreso y por eso fueron rebotándole, cancelándole, rechazándole y otros ándoles reforma tras reforma. Creció la economía, pero no el empleo, creció la libertad de expresión, pero no el empleo, creció la diversidad política, pero no el empleo. Denme trabajo.

Por su carácter, el empresario de carrera trunca y paladín de la democracia, no sólo quedó separado del jefe de gobierno del otrora Distrito Federal, mi hombre, mi gigante, mi Nevado de Toluca: Andrés Manuel López Obrador. Y no nomás contra él traía pedo, pues justo antes de las elecciones de 2006 expresó su inconformidad por la elección del candidato de su partido: Felipe Calderón.

Al final, Fox sólo será recordado por aquello que consiguió en su primer día como presidente electo: sacar por fin al dinosaurio del parque, eso y su fuerte fuerte personalidad tipo Fox. Y sus tuits como ex presidente. This is Martha, she's biutiful.

OIGANS, NO ES TAN FÁCIL GOBERNAR

La aventura calderonista ha sido un motivo
de tantas discusiones y de verdades conocidas
a medias que cuesta trabajo hablar de ésta
en pasado.

Todo lo que ocurrió de 2006 a 2012 sigue presente. Su entrada til-dada de fraude electoral (haiga sido como haiga sido), la declarada guerra contra el narcotráfico y los miles, miles, miles de muertos que aparecieron y quizá sigan apareciendo, su experiencia con la famosa influenza, la tragedia de los niños de la guardería que sigue sin resolverse, la caída de Arturo Beltrán Leyva, su festejo del Bicentenario... Tendremos que esperar a que pasen los años y calificar, con más distancia y objetividad las peripecias del segun-do presidente del Partido Acción Nacional. Pero por si acaso y por lo pronto, también que chingue a su madre, cómo de que no. Aquí agarramos parejo.

2012: COPETES, GEL Y EL FIN DEL MUNDO

* * *

Este sexenio sí fue el regreso de los dinosaurios, pero dinosaurios más guapos, por lo menos. Como Jurassic World, o sea: sigue siendo una pendejada, siguen siendo dinosaurios, pero ¡hey, es Chris Pratt!

Mi Licenciado Presidente Don Enrrrrrrrique Peña Nieto. Presidente Constitucional de los Estados Unidos Mexicanos aunque les sangre el hocico, babosos.

Si abogamos por una democracia como tal, es de esperarse que cualquier partido que se presente a elecciones tenga la posibilidad de hacerse de la presidencia. Pero no mames, México, está bien que puedas hacer lo que quieras pero qué necesidad de fumar asbesto, cabrón. Sobre este sexenio hay mucho qué decir y bastante he dicho ya en *El Pulso de la República* todos los lunes y jueves a las 11 am y mucho se seguirá platicando, pero o lo empato con la metáfora de la película de dinosaurios, o lo tomo como aquella profecía de los mayas que el 2012 fue un año trágico en muchos aspectos y quizá lo haya sido para México. No sé.

Quedará para la segunda edición de este libro o la versión mejorada y aumentada que, si éste pega, voy a cobrar más cara.

¿Y TU EX, EL PATÁN?

REGRESAMOS

EPÍLOGO

(DEL LIBRO, NO DE LA HISTORIA DE MÉXICO... AUNQUE CASI)

★ ★ ★

Si llegaste hasta esta página, significa que ya terminaste el libro. Eso o que te saltaste hasta acá para poner un separador y hacerte el interesante, de cualquier manera significa que lo compraste y a mí me pagaron, así que no importa. A menos que lo estés hojeando en una librería, en ese caso camina hacia la caja y págalo. Si puedes, también llévate un libro de algún historiador serio.

Escribir este libro se trata de muchas cosas, pero las dos principales son:

a. tenemos que aprender a reírnos de nosotros mismos, como individuos, como cultura y como nación.

b. está padre saber de historia, porque así entendemos cómo es que ahorita estamos así (de mal).

No pretendo que este texto sea algo más que una pequeñísima introducción al tema y, en el mejor de los escenarios, despierte la curiosidad en los lectores para saber más sobre alguno de los eventos y que investiguen en trabajos realizados por gente más seria (aunque más fea) (pero sí búsquenlos).

La historia de México a veces se cuenta matizada para que nos duela menos, o maquillada para que no nos fijemos en las partes más pinches. Por eso se nos olvida de repente que hubo muchos personajes locales apoyando a los españoles en la conquista. O que hubo muchos españoles organizando la Independencia de México. O que a lo mejor Maximiliano no era tan ojete. Porque es más cómodo adaptar todo a nuestro marco de valores.

Propongo que no. Que le echemos un ojo a lo que pasó en realidad (hasta donde sabemos) y que en el proceso procuremos divertirnos un chingo, y en las conclusiones posteriores decidamos hacer las cosas de una forma diferente (vamos a vernos en el espejo de Estados Unidos que mandaron a la verga la historia y ahora Trump es presidente, no mamemos).

A quienes hayan soportado este libro, les doy las gracias por acompañarme también en las cosas que escribo. Yo me voy, pero no me voy sin antes recordarles (como en cada libro) que los amo, estupeds.

La historia de la República de Chumel Torres
se terminó de imprimir en marzo de 2017
en los talleres de
Impresora Tauro S.A. de C.V.
Av. Plutarco Elías Calles 396, col. Los Reyes,
Ciudad de México